阅读推广人系列教材（第四辑）

中国图书馆学会　编

王余光　霍瑞娟　李东来　总主编

通识教育与阅读推广

朱小梅　王丽丽　著

General Education

and

Reading Promotion

朝華出版社
BLOSSOM PRESS

图书在版编目（CIP）数据

通识教育与阅读推广 / 朱小梅，王丽丽著 .— 北京：
朝华出版社，2020.5
阅读推广人系列教材 . 第四辑
ISBN 978-7-5054-4540-6

Ⅰ . ①通… Ⅱ . ①朱… ②王… Ⅲ . ①通识教育—教
材②图书馆—读书活动—教材 Ⅳ . ① G40-012 ② G252.17

中国版本图书馆 CIP 数据核字（2019）第 200741 号

通识教育与阅读推广

朱小梅　　王丽丽　著

选题策划　张汉东
责任编辑　韩丽群　刘小磊
责任印制　张文东　陆竞赢

出版发行　朝华出版社
社　　址　北京市西城区百万庄大街 24 号　　　　**邮政编码**　100037
出版合作　（010）68995593
订购电话　（010）68996050　68996618
传　　真　（010）88415258（发行部）
联系版权　zhbq@cipg.org.cn
网　　址　http://zhcb.cipg.org.cn
印　　刷　文畅阁印刷有限公司
经　　销　全国新华书店
开　　本　710mm×1000mm　1/16　　　　　　　**字　　数**　178 千字
印　　张　11
版　　次　2020 年 5 月第 1 版　　2020 年 5 月第 1 次印刷
装　　别　平
书　　号　ISBN 978-7-5054-4540-6
定　　价　45.00 元

阅读推广人系列教材
编委会

总 序

由中国图书馆学会（以下简称"中图学会"）主持编写的丛书"阅读推广人系列教材"，是中图学会"阅读推广人"培育行动的一部分。

自 2005 年中图学会设立科普与阅读指导委员会（2009 年更名为"阅读推广委员会"）以来，各类型图书馆逐步重视开展阅读推广活动，并取得了丰硕的成果。在阅读推广过程中，很多图书馆面临不少问题，其中没有适合从事阅读推广的馆员是一个重要问题，而这对图书馆阅读推广活动能否持续、有效、创新地开展，将产生重要的影响。

鉴于此，中图学会阅读推广委员会于 2013 年 7 月，在浙江绍兴图书馆举办了"首届全国阅读推广高峰论坛"。这一论坛的目的是为图书馆免费培训阅读推广人，造就一支理念新、专业强、技能高的阅读推广人才队伍。首届论坛获得了图书馆界同人极高的评价。此后，在 2014 至 2015 年，中图学会阅读推广委员会又在常熟、石家庄、镇江、成都、临沂举办了五次免费培训，都取得了良好效果。

在绍兴阅读推广人培训之后，中图学会阅读推广委员会便着手考虑培训的专业化与系统性。为了更好地将阅读推广人培训工作顺利推进，委员会于 2014 年 7 月为中图学会制定了《培育阅读推广人行动计划（草案）》。该草案分四个部分：前言、培训课程体系与教材、专家组织、考核与能力证书授予等。关于阅读推广人，"前言"中写道：

"阅读推广人"是具有一定资质，可以开展阅读指导、提升读者阅读兴趣和阅读能力的专业与业余人士。

全民阅读、阅读推广，是立足中国文化、提高中华民族素质与竞争力的重要举措，近两年来受到政府与社会的广泛关注。为了推动全民阅读工作规范有效开展，培训"阅读推广人"，则是十分重要与必要的，也是很多机构，如学校、图书馆、大型企业、宣传部门十分需要的。

中国图书馆学会长期以来开展阅读推广活动，积累了丰富的经验，并拥有一批该领域的专家学者，从事全民阅读与阅读推广研究，他们承担课题或从事教育培训，取得了一定的成果，为进一步开展"阅读推广人"的培训、资格认证提供了重要的基础。作为以促进全民阅读，为读者终身学习提供保障为目标和社会责任的图书馆，应当成为阅读推广人培养与成长的摇篮。

中国图书馆学会为了更好地帮助图书馆、学校、大型企业、宣传部门等机构开展阅读推广工作，将阅读推广人培训作为自己一项长期工作。为了培训工作更好与规范地开展，特制订《培育阅读推广人行动计划》。参加培训的学员，通过一定的考核，中国图书馆学会将授予学员"阅读推广人"资格证书。

2014年12月11日，中图学会阅读推广委员会举办的"全民阅读推广峰会暨'阅读推广人'培育行动启动仪式"在常熟图书馆举行。会上，中图学会正式启动"阅读推广人"培育行动。

在"阅读推广人"培育行动中，教材的编写成为首要任务。这套"阅读推广人系列教材"是国内首套针对阅读推广人的教材。由于没有相关的参考著作，教材可能还存在一些不足。在今后使用过程中，对教材中存在的问题与不足，主编将做进一步的修订与完善。这套教材的问世，对中国阅读推广人的培育将发挥积极的推动作用。

"阅读推广人系列教材" 编委会

前　言

作为高等教育中的重要内容，通识教育以知识的广度教育为基础，旨在培养有学识、有智慧、止于至善的人。与注重精深的专业教育不同，通识教育能够帮助人们了解自己与社会、了解文明与文化、了解科学与技术、了解过去与未来，从而逐步建立一套包含知识、价值理念、分析方法和认知能力的体系框架。借此，人们无论面对各种社会现象还是具体现实问题，都能够独立思考、全面分析。

追溯通识教育的历史，可知通识教育起源于西方博雅教育。欧美的通识教育经历了早期古典的博雅教育、20 世纪 40 年代赫钦斯的永恒主义教育、21 世纪的当代大学通识教育，形成了分布式课程、核心课程、自由选修课程、经典名著课程等通识教育课程模式。

我国的通识教育以学习和借鉴欧美通识教育理念和模式为主，同时坚持传承我国传统文化，形成了中国独特的通识教育体系和模式。北京大学、清华大学、复旦大学和武汉大学等高校是当代通识教育的探索者，致力于构建和完善大学通识教育体制和通识教育课程体系。在理念上，设立培养"全人"的目标；在体制上，建立通识教育中心等通识教育管理机构；在教育模式上，建设课程式、书院式教育模式；在教育课程体系上，构建分布必修课程、经典课程和核心课程，内容涵盖中外文明、科学、社会、艺术等领域。例如：北京大学通识教育课程分为四大系列，分别为中国文明及其传统、西方文明及其传统、现代社会及其问题、人文艺术与自然；武汉大学秉持"人文化成"之理念，设立通识教育中心，以文明、科学、社会和艺术四大模块核心课程为切入点，探讨并践行以"成人"教育统领成才教育的新观念及新路径；复旦大学成立了志德、腾飞、克卿、任重、希德书院，并依据"核心理念——模块目标——基本课程单元——每一门具体课程"的流程，来实施通识教育。这些高校的先行者们，筚路蓝缕，突破了素质教育、政治思想教育的囿限，构建了富有本校特色的通识教育体系，推动了中国通识教育事业的发展。

"书籍是人类进步的阶梯"，阅读对于个人、民族和国家，都具有非常重要的意义。"人学始知道，不学非自然"，阅读能开阔眼界，打开心智，从而增长知识，引导人生观、世界观的形成；阅读能使人感动，形成感悟，感染他人，从而凝聚成风尚和风俗，影响深远；阅读能升华民族深邃思想和智慧，从而激发文化创造力和爱国热情。阅读是如此重要，开展阅读推广活动已经成为世界各国的一项基本文化政策。在当代，阅读推广类型丰富，对象、策略和方式各不相同。有面向国民的全民阅读推广，有面向儿童的儿童阅读推广，有以数字技术或移动设备为载体的数字阅读推广和移动阅读推广，有以经典著作为内容的经典阅读推广，林林总总，构成了多维、立体的阅读推广体系。在我国阅读推广体系中，面向通识教育的阅读推广是实践和研究的新兴领域。

面向通识教育的阅读推广工作该如何开展？其核心和关键是什么？当我们分析面向通识教育的阅读推广要素——阅读推广主体、对象、内容、目的时，问题的答案就逐步展现在眼前。面向通识教育的阅读推广的主体是高校的教学组织机构、教师以及图书馆；阅读推广的对象是高校学生；阅读推广的内容是关于通识教育的图书和知识；阅读推广的目的是将学生培养成知识通达、有思辨能力、有社会责任感的人。在明确阅读推广诸要素之后，通过阅读推广策略、方法和路径构建起要素之间的关系，完成阅读推广任务。面向通识教育的阅读推广主要有三种模式：课程式、书院式和第三课堂式，每种模式在阅读推广的方式和方法上各不相同。但无论何种阅读推广模式，其核心和关键都在于经典阅读推广，这是因为经典名著阅读是西方自由教育和中国古代教育的传统，至今仍是通识教育的内在需求和关键所在。美国哥伦比亚大学的"当代文明"和"文学人文"两门主课均以经典阅读为基础，该校经典阅读模式对美国其他高校产生了深远影响；20世纪40年代，美国芝加哥大学校长赫钦斯发起"名著运动"，将经典名著课程改造升级为一种理论、方法和模式；我国香港中文大学的"大学通识"和"书院通识"课程包含《论语》《庄子》《理想国》《国富论》等多部中外经典名著。经典阅读是青年大学生进行灵魂构建、完成自我超越、提升生命境界的必经之途，经典阅读推广是对大学生进行人文教育、道德教育、生命教育的有效手段，因此，经典阅读推广是面向通识教育的阅读推广的关键所在。

图书馆是高校阅读推广的主力，将阅读推广聚焦于通识教育，是图书馆工作延伸的新领域。现代化校园中，高校学生的学习和阅读倾向于专业化，阅读时间碎片化，阅读方式数字化、移动化和社交化。在这样的阅读背景下，面向通识教育，图书馆可以在以下方面发挥自己的作用和价值：抓住知识资源的优势，建设通识教育馆藏资源体系；设置专职阅读推广的部门及岗位，推动面向通识教育的阅读推广；服务创新，将实体资源与数字资源结合，搭建阅读交流平台；开展阅读行为研究，掌握学生阅读特点和阅读行为规律，积极参与通识教育课程教学；创新活动形式，开展经典阅读推广活动；加强阅读推广主体诸如高校教学机构、研究机构、出版社、社团等之间的合作与交流。图书馆需要创新思路、创新方法、创新举措，以常态化、制度化、体系化、项目化来实施阅读推广，积极推动通识教育。这是时代赋予图书馆的重任，也是图书馆自身发展的新增长点。

朱小梅

2019 年 7 月

目 录

第一讲
通识教育的理论与历史

第一节　通识教育的内涵和意义

一、通识教育的内涵

（一）"通识教育"的词汇来源

通识教育，英文 General Education，也译为"普通教育""一般教育"和"通才教育"。General Education 一词由美国鲍登学院（Bowdoin College）帕卡德（A.S.Packard）教授在《北美评论》（*North American Review*）中的撰文中首次提到。该文为大学课程设置中的公共课部分辩护时写到：学院预计给青年一种通识教育（General Education），一种古典的、文学的和科学的，一种尽可能综合的（Comprehensive）教育。该种教育是学生进行专业学习的准备，将使学生在学习一种专门的知识之前，对知识的总体状况有一个综合的、全面的了解[①]。20 世纪初，"通识教育"开始较多地出现于一些评论学院教育的著作中，如梅克勒约翰（Meiklejohn, J.M.D .）在 1920 年出版的《文理学院》（*Liberal Arts College*，博雅学院）一书中，在论述四年制学院中的前两年教育阶段时指出：四年制学院要办得

[①] A. S. Packard. The Substance of Two Reports of the Faculty of Amherst College to Board of Trustees, with the Doings of the Board thereon ［J］. North American Review，1829（28）: 300.

成功，在前两年的教育中就应该确立通识自由教育（General Liberal Education）的观念。在 1932 年出版的《自由艺术教育的变革与经验》的报告中，"通识教育"一词也出现过五六次[①]。从 20 世纪 30 年代中期起，"通识教育"的使用更为频繁，大学有关的各种教学改革、实验也常冠以"通识教育"之名。

　　中文"通识教育"一词来自于 20 世纪 80 年代中国台湾地区学者的翻译，取中华文化中"通""识"之涵义，即清代学者章学诚所说"通者，所以通天下之不通也"之义，以及唐代史学家刘知己对"学者博闻旧事，多识其物"中的"识"解。"通"者，达也；"识"者，以"见识""器识"而能在博闻中择善。通识教育的首要任务就是让学生学识贯通，强调在掌握基本知识、技能的基础之上培养人对自我，以及自己和社会、自己和环境等各种关系做正确判断、正确选择的能力，"通识"正可涵盖其义。"通识教育"的使用得到了学界的认可[②]。

（二）通识教育的内涵

　　关于通识教育的内涵，迄今为止尚没有一个公认的、规范性的表述。各种文献及不同作者对"通识教育"概念的内涵几乎都有各自的界定。亚瑟·列文（Arthur Levine）在《本科课程手册》（*Handbook on the Undergraduate Curriculum*，1978）中曾集中列举了 10 余种关于通识教育涵义的表述，其他著作中有关"通识教育"定义的表述也极为丰富多样。直到 1977 年，美国学者还在抱怨："迄今为止，没有一个概念像通识教育那样引起那么多人的关注，也没有一个概念像通识教育那样引起那么多的歧义。"[③] 通识教育论述的角度很多：有目的论、内容论、性质论，等等。兹列举几个中外关于通识教育内涵的说法。

　　1945 年，《哈佛通识教育红皮书》（*General Education in a Free Society Report of the Harvard Committee*，又称《自由社会中的通识教育报告书》）写到："通识教育主要与共同的标准、共同的目标有关，旨在培养学生成为一个负责任的人和公民。""教育不仅仅只是传授知识，也包括在年轻人的头脑中培育某些才能和态

① McHale，Kathryn.Changes and Experiments in Liberal Arts Education［M］.Bloomington Public School Pub. Co. 1932.

② 李曼丽，汪永铨 . 关于"通识教育"概念内涵的讨论［J］. 清华大学教育研究，1999（1）：96–101.

③ Carnegie Foundation of Teaching Advancement，Missions of the College Curriculum：A Contemporary Review with Suggestions［M］. San Francisco：Jossy–Bass，1977：164.

度，培养人在社会中的美好品性。""大学生在知识学习上，应该深度及广度兼备。一方面应该通过专业课程，对某一知识体系作深入的研究，另一方面应该对其他领域作广泛的涉猎。""大学生应该学习重要的研究方法与思想体系。因为人类凭借这些方法和思维模式来获得知识，了解大自然、社会和人类本身。大学生应该对不同文化的价值、传统及体制有所认识。通识教育应该给大学生充分的选择机会，让他们接触不同的事物，使他们能对学术及文化产生长远的兴趣。增进他们对自我的了解，最后能对其未来的生活及生涯做出明智的抉择。通过与不同的学生相处的经验，培养他们成熟的处事及处人能力，并且也通过这种经验培养人们对人类多元本质的容忍度。"①

1996 年，联合国教科文组织发表了一系列报告，例如《教育——财富蕴藏其中》提出了新的通识教育理念："教育四大支柱：学会认知、学会做事、学会共同生活、学会生存。"2015 年，联合国教科文组织发布了《反思教育：向全球共同利益的理念转变》，该报告再次强调了"四大支柱"的普遍意义，并列出了所有青年都必备的三类主要技能：基础技术、可转移技能和职业技术技能。通识教育应该基于"增值"和"能力"的理念，赋予学生终生学习的能力，并为学生未来一生的发展做准备②。

中国台湾地区教授黄俊杰从哲学的角度来阐述通识教育："通识教育就是一种建立人的主体性，以完成人之自我解放，并与之生存之人文及自然环境建立互为主体性关系的教育，也就是说，是一种完成'人之觉醒'的教育。"③

清华大学李曼丽教授认为，通识教育是为了培养积极参与社会生活的、有社会责任感的、全面发展的人和国家公民④。李曼丽从性质、目的和内容三个维度构建了通识教育的概念内涵。她认为：① 就性质而言，通识教育是高等教育的组成部分，是所有大学生都应该接受的非专业、非职业性的教育；② 就目的

① 哈佛委员会.哈佛通识教育红皮书［M］.李曼丽，译.北京：北京大学出版社，2010.

② Maren Elfert. Rethinking Education：Towards a Global Common Good? UNESCO's New Humanistic Manifesto?［EB/OL］.［2019–06–23］.https：//www.norrag.org/rethinking-education-towards-a-global-common-good-unescos-new-humanistic-manifesto/.

③ 黄俊杰.大学通识教育的理念与实践［M］.武汉：华中师范大学出版社，2001：41.

④ 李曼丽.通识教育——一种大学教育观［M］.北京：清华大学出版社，1999：17.

而言，通识教育旨在培养积极参与社会生活的、具有社会责任感的、全面发展的人和国家公民。强调通识教育是关注人的生活、道德和理智的和谐发展的教育；③ 就内容而言，通识教育是一种广泛的、非专业性的、非功利性的基本知识、技能和态度的教育，其涉及范围宽广全面。

综上所述，通识教育的内涵丰富，学者们从不同的角度来释读通识教育，这些思想和理念为指导通识教育的实践奠定了理论基础。从各位专家对"通识教育"这一概念的解释来看，清华大学李曼丽教授的解释较为全面，也符合中国本土化通识教育的实际，因此本书采纳该解释：所谓通识教育，是一种高等教育的模式或理念，泛指对大学生进行的非职业性教育，目的在于培养积极参与社会生活的、有社会责任感的、全面发展的人和国家公民。

二、相关概念关系辨析

（一）通识教育与自由教育

自由教育，又称博雅教育，英文 Liberal Education，Liberal Arts。自由教育与通识教育的关系，目前学界存在三种主要观点：① 通识教育是自由教育的下位类[1]；② 两者是同时存在于现代社会的互补教育[2]；③ 自由教育是通识教育的前身，两者是此消彼长的先后概念[3]。通识教育是自由教育的新面孔，通识教育是对自由教育的时代性转变。要弄清楚两者的关系，首先要了解自由教育的内涵和发展历程。

自由教育肇始于古希腊教育传统，课程主要包括"自由七艺"（Seven Liberal Arts）——文法、修辞学、辩证法、算术、天文、几何和音乐。亚里士多德认为，自由教育是针对自由公民（相对于当时的奴隶而言），强调自由教育是通过自由技艺的学习进行非功利的思辩和求知，从而免除无知愚昧，获得各种能力以达到

---

① 连进军，解德渤. 作为概念体系的自由教育及其发展脉络——兼与博雅教育、通识教育辨析 [J]. 高等教育研究，2013（1）：25–31.

② 周雁翎，周志刚. 隐匿的对话：通识教育与自由教育的思想论争 [J]. 教书育人，2012（6）：80–93.

③ 黄福涛. 从自由教育到通识教育——历史与比较的视角 [J]. 复旦教育论坛，2006，4（4）：19–24.

全面完美的发展，以及身心和谐自由状态的教育。此阶段自由教育的目的在于探索高深的纯理论知识，获得智慧、道德和身体的和谐发展，教育的对象是非奴隶身份的自由公民。至文艺复兴时期，由于人文主义者要求冲破教会的束缚，倡导解放人性，把谋求个人的自由视为教育的要务，所以意大利人文主义者韦杰里乌斯（Pietro Paolo Vergerrio，1349—1420）在论述"自由教育"的理想时，认为人文学科是自由教育的主要内容，"自由教育"是一种符合于自由人的价值的教育；是一种使受教育者获得德性与智慧的教育；是一种能唤起、训练与发展那些使人趋于高贵的身心、最高的才能的教育。18、19世纪工业革命以来，由于自然科学兴起，自由教育在英国进一步发展，自由教育的概念又有所发展，更强调非功利和非职业性。1868年，英国生物学家、教育家赫胥黎（Thomas Henry Huxley，1825—1895）在其著作《论自由教育》中，把自由教育解释为文理兼备的普通教育。中国通常把这一时代的"自由教育"意译为"博雅教育"或"通才教育"，以别于学习各种专门知识的专业教育。约翰·亨利·纽曼（John Henry Newman，1801—1890）是当时最权威的自由教育论述的集大成者。他强调自由教育教授的是非功利、非职业的知识，自由教育应从知识、理智、社会之间的逻辑关系入手，培养学生分析、概括、演绎知识的"哲学习惯"，进而达到理智培育的目的，以便能更好地履行社会责任，成为良好的社会公民。这一自由教育理念成为后来牛津大学和剑桥大学自由教育的指导思想，在世界范围内产生了重大影响[1]。

本书作者认同以下观点：自由教育演变为通识教育，自由教育作为一种古老的、含有等级观念的教育思想好像是过时了，但是实际上它的精神并没有死亡，而是以"通识教育"的面貌重新出现[2]。自由教育和通识教育一脉相承，随着时代的发展，教育的目的、对象和内涵也都发生了变化。自由教育侧重于对古典课程的传承和掌握，是精英教育，如培养贵族、牧师和律师等。自由教育无法满足国家共同体、社会共同体对价值观念整合的需求；通识教育则是大众教育，作为全民的、民主的教育，培养有责任感的公民和民主制度的捍卫者。通识教育作为

① （英）约翰·亨利·纽曼.大学的理想（节本）[M].徐辉，顾建新，何曙荣，译.杭州：浙江教育出版社，2001：22.

② Miller G.E. The Meaning of General Education：The Emergence of a Curriculum Paradigm [J]. Journal of Higher Education，1988，61（3）：351.

专业教育和职业教育的对立面出现，其目标是为文明社会奠定更为广泛的思想基础，培养既具有涵养又掌握高度专业化知识的人才。因此，通识教育是对自由教育的革新和升华，是对高等教育近代化过程中过分强调专业或职业教育的批判和回应[①]。

（二）通识教育与素质教育

中国的通识教育有一个特点，就是它是在素质教育的框架下逐渐发展起来的，与素质教育有着千丝万缕的联系。那么通识教育与素质教育之间到底存在何种关系？

素质教育是中国独有的提法，是适合中国教育现状的教育理念，而通识教育是美国高等教育的本土化创新。素质教育产生的背景是：面对世界发展带来的机遇和挑战，我国提出"科教兴国"的战略思想，但是高校在人才培养方面存在着一些偏颇与不足，其中人文教育薄弱尤其突出。面对这一情况，我国提出要加强对大学生进行文、史、哲、艺术等人文社会科学和自然科学方面的教育，素质教育成为首要的、也是非常重要的任务。1998年，教育部印发《关于加强大学生文化素质教育的若干意见》，明确大学生素质教育的基本内涵："大学生的基本素质包括思想道德素质、文化素质、专业素质和身体心理素质，其中文化素质是基础。我们所进行的加强文化素质教育工作，重点指人文素质教育。主要是通过对大学生加强文学、历史、哲学、艺术等人文社会科学方面的教育，同时对文科学生加强自然科学方面的教育，以提高全体大学生的文化品位、审美情趣、人文素养和科学素质。"[②]素质教育是作为教育战略思想提出的，是一种教育的思想和理念。

素质教育不等同于通识教育，两者属于不同的范畴，但又存在相通之处。素质教育是一种教育观或者教育思想，通识教育既是一种教育理念，又是一种实践模式。

（1）素质教育和通识教育的目标不同。素质教育的目标是通过教育提高人的素质。通识教育的目标是培养人的融会贯通的思想和能力，让人能够在不同学科或专业、民族和文化等领域进行有效的沟通与交流，最终成为全面发展的人和国

---

① 黄福涛.从自由教育到通识教育——历史与比较的视角［J］.复旦教育论坛，2006，4（4）：19–24.

② 关于加强大学生文化素质教育的若干意见［EB/OL］.［2019–06–23］. http://old.moe.gov.cn//publicfiles/business/htmlfiles/moe_734/200408/2982.html.

家公民。

（2）素质教育和通识教育的思想和理念有许多相通之处。素质教育的落脚点是人，通识教育以培养有教养的人为目的，因此二者都比较重视人的发展，重视人文教育。素质是更深层次的东西，是知识与能力内化后的稳定的品质，知识、能力和素质是素质教育的三个要素。素质教育强调的"三要素"与通识教育的目的、内容是相通的。通识教育通过知识的广博性拓宽学生的视野，培养学生有效思考、清晰沟通与交流、能做适当的判断和辨识普遍性价值的认知能力，其内容涵盖了人文、社会与自然学科领域，其特点是融会贯通。因此，二者都比较重视知识的综合性、知识的内涵及其价值，试图在给予大学生专业教育的同时为其打下坚实的文化基础。

（3）从实践层面上看，素质教育实施范围更为宽泛，贯穿于高等教育的全过程和各个环节。素质教育不仅包含德、智、体、美及心理健康的教育，而且也体现在专业教育和学校教育的方方面面。素质教育强调专业课程是培养素质的基本途径之一。通识教育是大学教育的重要范畴，更多的是作为专业教育的对立面，补充和完善专业教育的不足。通识教育更重视大学教育的基础性、交融性和理解性，重视人格的完善。因此，通识教育的理念、实践模式及其经验给予素质教育很多的启迪，在探索素质教育的实践中，一些高校就开展了通识教育的实践探索。通识教育可以成为素质教育的突破口，也是素质教育最重要和最主要的途径①。

在高等教育领域内，通识教育不完全由素质教育来统领，两者也不是矛盾对立的范畴。二者应该相互协作和影响，共同促进大学生发展，提升教育质量。

（三）通识教育与专业教育

通识教育和专业教育是两种不同的、相辅相成的高等教育方式。通识教育与专业教育并非是完全对立的关系。通识教育所排斥的，只是被高度片面化和极端化的专业教育，但并不排斥科学合理的专业教育。专业教育包括学科教育和职业教育。科学合理的专业教育，不仅能够给学生以严谨的专业知识和严格的专业技能训练，还能让学生分享人类精神活动和智力领域的经验，帮助学生养成不懈探索的学术精神，锻炼学生深入思考和解决问题的能力。对于学生而言，学会以学

---

① 刘菊青 . 通识教育与相关教育的辨析 ［J］. 大学教育，2018，94（4）：52–54.

术的方式来思考问题是一种非常必要的修养。即使学生以后并不从事所学专业领域的研究活动，但依旧能够成为一个具有学术精神和研究精神的实际工作者，能够有较强的思维能力来解决工作问题，拥有超越一般从业者的能力。而这样的专业教育，贯彻的就是通识教育所倡导的融会贯通的能力和反思问题的精神。通识教育绝不是去造就空想家，而是要造就具有怀疑与批判精神、创新勇气与能力的善于思考和探索的人。在这个意义上，通识教育并不绝对排斥专业教育，专业教育也能贯彻通识教育的理念。专业教育与通识教育，互相补益，相得益彰，共同成为大学教育的整体。

三、通识教育的意义和价值

通识教育作为教育理念和教育模式源远流长，深植于东西方民族文化传统中，但又与时俱进、因时而变。就其性质而言，它是高等教育的重要组成部分，是所有大学生都应接受的非专业性教育；就其目的而言，通识教育旨在培养主动参加社会生活、有强烈社会责任感、全面发展的社会人；就其内容而言，通识教育是一种宽泛的、非专业性、非功利性的基本知识、态度和技能的教育形态[①]。

通识教育培养全面的人才。通识教育致力于追求教育的本质，其目的是扩大学生的知识面，扩展学生思维，加强文理渗透，帮助学生形成整体的知识观，使学生在面对复杂问题时，能作出一个多角度、全方位的分析。同时，使学生在态度、情感、价值观方面均得到和谐、全面的发展，促进其健全人格的培养。为国家和社会输送人才，这是现代大学的使命之一，如果学生不能如通识教育的目的一样，做到知识通博，人格健全，对社会抱有正确的价值认知，就很容易沦为狭窄、功利的人。此外，从创新型复合人才培养的角度出发，也需要实施通识教育。创新型人才的培养是大学的重要任务之一，通过专业教育的训练使学生掌握精深的专业知识是不够的，还需要通过通识教育的训练，打开学生的视野，培养学生不同学科的研究方法，形成独特的、宽阔的思维模式，增强知识迁移能力，如果经过学科之间知识的融合，就更容易产生创新。

通识教育丰富和改变了大学的教育体系。通识教育的贯彻主要靠设置相应的

---

① 李曼丽，汪永铨. 关于"通识教育"概念内涵的讨论［J］. 清华大学教育研究，1999（1）：96-101.

课程，采取相应的手段和方法，借以把学生培养成为有教养的人。学校要建立相应的机构，分配专门的人员去负责组织、编排和实施通识教育，制定相应的选课规则等，如复旦大学通过设置通识教育研究中心，清华大学通过设置核心课程来进行通识教育。通识教育以自己的课程体系丰富了高等教育体系。

通识教育是大学应对时代和社会变迁的一种反应。当前高等教育面临着人文精神缺失、素质结构失调等严峻挑战，通识教育从很大程度上解决了这些问题。首先，通识教育强调知识的广博性，注重人文精神和多学科的融合。通识教育是关于人的生活的各个领域知识和所有学科准确的一般性知识的教育，是把有关人类共同生活最深刻、最基本的问题作为教育要素的教育。通识教育注重经典阅读，提倡学习古今中外经典作品，培养人文精神。通识教育"是高等教育的重要组成部分，是人人都必须接受的职业性和专业性以外的那部分教育，它的内容是一种广泛的、非专业性的、非功利性的基本知识、能力、态度与价值的教育"[1]。其次，通识教育强调对理性和批判性思维的培养。通识教育提倡培养"自由人"，"自由人"是对人的理性的培养。理性，实质上也就是批判性思考的能力。通过人文科学的贯通，达到对品德、社会责任感和理性的培养。通识教育在很大程度上能够解决大学教育中的人文精神缺失、素质结构失调问题[2]。

第二节　欧美通识教育的发展脉络

通识教育是高等教育本科生阶段所实施的教育方式，是指所有大学生均应接受的、专业以外的共同内容的教育。通识教育从产生至今，已经有 200 多年的历史，其产生和发展是各种教育学派观点相互冲突、交流、对话和创新的过程，是高等教育变迁的缩影。溯其源而知其本，梳理通识教育的发展历史，有利于我们全面地了解通识教育思想，深刻理解通识教育的内涵和特征。由于通识教育兴于美国，继而席卷全球，因此本节的国外通识教育发展史偏重于梳理美国通识教育的发展脉络。

① 张寿松，徐辉. 通识教育的八个基本问题［J］. 浙江社会科学，2005（4）：87—91.
② 朱婷婷. 南京大学通识课程学习结果及其影响因素研究［D］. 南京：南京大学，2018.5.

一、通识教育的萌芽及产生（17 世纪初—19 世纪 30 年代）[①]

通识教育起源于欧洲的自由教育（Liberal Education）。古希腊时期，自由教育是指为培养非奴隶身份的自由之民而开展的教育。柏拉图、亚里士多德这些智者是早期杰出的教师，他们教育人们如何成为"完人""全才"，教育人们如何知识广博、素质高雅。从课程内容来看，主要包括"自由七艺"（Seven Liberal Arts）——文法、修辞学、辩证法、算术、天文、几何和音乐。自由教育的理念完全摆脱功利和实用，注重陶冶情操和道德、达到身心和谐发展。

图 1-1 《哲学女王将七艺敬献给波埃修斯》，现存美国洛杉矶保罗·盖蒂博物馆

中世纪时，神学占据知识阵地，神父、牧师是教育的主导者，以神学世界观教化人们。13 世纪之后，牛津大学和剑桥大学成立。大学教育的核心内容除了继承了古希腊罗马盛行的"七艺"之外，还有宗教和道德教育等。古希腊的自由教育理念成为英国培养绅士、牧师等社会精英的理论基础。文艺复兴时期，欧洲逐渐从宗教神学的笼罩中走出，人性得以彰显，自由教育凸显为"理智的教育"。从文艺复兴运动一直到 19 世纪末，高等教育始终以学习拉丁文和古希腊文为基础，例如荷马的《奥德赛》或《伊利亚特》、亚里士多德的《伦理学》《政治学》、柏拉图的《理想国》、奥古斯丁的《忏悔录》等古典优秀著作。七艺和博雅教育（Liberal Arts，主要指古典人文学科）成为欧洲学院教育的基础部分。

19 世纪 30、40 年代，工业革命基本完成。工业革命使欧美社会发生了巨大

[①] 霍雪涛. 美国通识教育变迁的环境因素分析［J］. 北京教育（高教版），2013（2）：78-80.

变化，科学启蒙运动盛行，大量的自然科学、工艺技术等新兴科目开始不断涌现；以从事宗教为职业目标的人数大大减少，七艺和博雅教育遭受到质疑和挑战，人们对高等教育的要求和期待发生了变化，自然科学和实用技术日益受到青睐。

1776 年，美国独立。由于美国经济蓬勃发展，学院纷纷开设自然科学、工艺技术、法律政治等实用性强的职业课程，高等教育中出现了向实用教育"一边倒"的倾向。为维护博雅教育的传统，1828 年，耶鲁大学教授们发表了《1828 年耶鲁报告》（The Yale Report of 1828）。报告写道："大学的目标应该是什么？应该是为优良的教育奠定基础。完整的教育的基础必须是宽广的、深厚的、坚固的。""我们能从思想文化中获得的最重要的两点是：思维的训练与知识的教养，即增加心智的力量与知识的储备。""学校的目标不是完成学生的教育，而是帮助他们在学校的有限时间内打好基础，并尽可能地提升学生的知识水平。"不管大学采用何种课程，博雅教育都应当予以保留和延续①。

19 世纪以前，欧美国家的学院课程基本上是固定课程和古典课程，学院课程必修且大都相同。19 世纪初，美国部分学院开始实行选修制，允许学生选课或选科。大学生学习的课程是否需要一些共同部分，成为当时争论的焦点。1829 年，鲍登学院的帕卡德（A. S. Packard）教授在《北美评论》（North American Review）发表文章支持共同课程和 1828 年的耶鲁报告，指出美国大学提供的是一种"通识教育"，它包括古典学、文学和科学方面的有关课程内容②。这是"通识教育"第一次正式出现，史称第一次"通识教育运动"。此时，通识教育脱离自由教育的框架，开始有了更丰富的内涵和独特的教育理念。

二、通识教育的低潮（19 世纪 30 年代—20 世纪初）

该历史阶段高等教育的自由选修课制度建立，专业教育蓬勃兴起，通识教育发展遇到了困难。

专业教育的兴起是社会经济发展对高等教育提出的需求。美国南北战争之

---

① 杨福家.1828 耶鲁报告精读 [J].科学中国人，2011（16）：42–45.

② 梁桂麟，刘志山.港澳台高校通识教育比较研究 [M].北京：中国社会科学出版社，2008：17–18.

后，工业经济迅速发展，来自全世界的移民日益增多，需要大量的土木工程师来修铁路、建工厂、开煤矿，但是大学在培养这类人才方面几乎没能提供任何帮助。1862 年，美国国会颁布了《莫雷尔法案》（*Morrill Land–Grant Act*），该法案对美国甚至世界高等教育的发展产生了深远的影响。该法案规定，按各州在国会中参议院和众议院人数的多少分配给各州不同数量的国有土地，各州应当将这类土地的出售或投资所得收入，在 5 年内至少建立一所"讲授与农业和机械工业有关的知识"的学院。《莫雷尔法案》颁布以后，美国各州纷纷成立以讲授工农业知识为主的州立大学，各种工、农、商业等专业教育和课程纷纷涌现。随着大量专业课程的引进、课程爆炸式的增长，大多数学院通识教育的尝试都被迫停止了。大学逐渐不是以传授基础知识和价值观为目的，而是以增加入学人数、为青年人从事各种职业做准备为目的。

美国南北战争前后，大批的留德学生回国，将德国大学的学术自由和崇尚研究的理念带回美国。受德国"学自由"和"教自由"的影响，美国大学逐渐建立起自由开课和选课的制度。哈佛大学是选修制的发祥地，而校长艾略特（Charles Eliot，1869—1909）是选修制最积极的倡导者。艾略特上任后建立了选修课制度，强调每个学生都应能自己选择课程。学生可以自由选修物理、化学及古典语文。1886 年，选修课制度基本建立起来。学校规定，在整个大学学习过程中，学生要学习 18 门课程；学生学习一定数量的课程后即可获得学分，学分达到一定标准时就可得到学位。选修课制度推动了学分制度的建立，学生获得了自由和尊重；教师逐渐成为专门知识的拥有者；伴随教师专门化，大学的基础结构——"系"逐渐发展起来。选修课程使得哈佛大学的培养目标从培养贵族逐渐转向培养工业人才，适应了社会发展的需要。到 19 世纪末 20 世纪初，美国绝大部分高校或多或少地都实施了选修制。1901 年的一项调查表明：在 97 所有代表性的院校中，选修课占 70% 以上的有 34 所，占 50%~70% 的有 12 所，不足 50% 的有 51 所[①]。自由选修课程风靡全美，但其弊端也逐渐显露：自由选课难以产生全体学生的共同必修科目，无法形成共同文化；课程体系呈现出选修制度过于自由、课程设置凌乱、学科领域过度集中且狭窄等特征。

---

① 陈学飞.美国高等教育发展史［M］.成都：四川大学出版社，1989：97.

1909 年，哈佛大学选聘了劳威尔（Abbott Lawrence Lowell）为校长，劳威尔的教育改革拉开了"第二次通识教育运动"的序幕 ①。

三、通识教育的繁荣及改革（20 世纪初—20 世纪 50 年代）

在这个阶段，通识教育进入到了实施主修与分类必修制度、推行西方经典阅读的时期。劳威尔于 1909—1933 年间任哈佛大学的第 25 任校长。他取消了推行了 40 年之久的自由选修，推行主修制度（Concentration）和通识分类必修制度（Distribution Requirements），要求学生在最低选修的 16 门课当中，必须有 6 门主修课集中于某一个领域，4 门在文学、自然科学、历史、数学四个分类中各修一科，另外 6 门是自由选修课。这样做的好处在于：克服了学生在选课时避难趋易、知识无系统性的毛病；还能克服学生过早专业化，毕业后难以适应复杂变化的社会的困惑。学生在校期间既掌握了广博的知识，又成为某门学科有专长者，解决了专与博的矛盾。

20 世纪 30、40 年代，高等教育受实用主义、科学主义等思潮的影响，以培养现代化国家发展需要的专业人才为己任，使得现代大学教育窄化和功利化。大部分高校专注于职业教育和专业教育，许多大学开始分科分系以加强主修课程的学习；大学强调学生社会经验的获得，对知识的追求沦为附属；人们漠视理性原则，盲目崇拜物质文明。科系制度虽然有助于专业研究和学习，但也使学科之间相互隔阂，分割和孤立了人类经验。过于专业化的学习使得学生所学知识仅限于人类知识整体的一小部分，学生视野狭窄，无疑损害了大学探求智力发展的理想，与大学教育之根本目的背道而驰。针对此弊端，以芝加哥大学校长赫钦斯（Robert Maynard Hutchins，1899—1977）为代表的教育学家们希望大学回归理性原则，开启了美国教育史上最彻底、最全面的通识教育改革。

赫钦斯是 20 世纪美国著名的教育改革家，通识教育和"经典名著课程"的主要倡导者。1928 年，赫钦斯被聘为芝加哥大学校长。上任后，他对芝加哥大学进行了大刀阔斧的改革，制定了贯彻其通才教育理念的"新计划"（即"芝加

---

① 李成明.美国大学通识教育的历史发展［J］.东南大学学报（哲学社会科学版），2001，3（2）：117–120.

图1-2 《美国高等教育》，
[美]罗伯特·M.赫钦斯著，
浙江教育出版社2001年出版

哥计划"），改变了大学教育的发展方向和课程设置。赫钦斯将大学课程合并为四大部，即人文科学部、社会科学部、自然科学部和生物科学部，根据四大部的布局设置相应系科，给予相应的课程设置。要求每位学生至少要通晓一部门教材①。为了配合"新计划"，赫钦斯成立"西方名著编撰咨询委员会"，整理、选编经典著作，这些经典名著作为全体学生必修的共同核心课程。到1952年止，该委员会共编辑54本名著，包括文学、历史、哲学、经济、政治、数学、物理、音乐等方面。赫钦斯在自己的著作《美国高等教育》一书中强调，理想的课程必须包括"西方世界的伟大名著""阅读、写作、思考、演说的艺术"以及"数学"②。名著是"古今人类的智慧精髓及文化宝藏，是通识教育取之不尽的教材来源，经过去芜存精的筛选，即可作为通识教育的最佳内容"③。芝加哥大学的本科课程充分地体现了赫钦斯的"经典名著课程"模式。

赫钦斯反对大学过分专业化，强调学生的心智训练，强调名著学习的重要意义，在当时实用主义盛行的美国高教界引起了很大的震动。1953年，赫钦斯的继任者康普顿（Compton）开始废除在完成通识教育课程后即颁发学士学位的做法，赫钦斯时代的其他的一些关键性举措也遭遇了类似的命运。但是，通识教育对芝加哥大学乃至美国高等教育的影响并没有因为康普顿的改革而烟消云散。20世纪30、40年代的芝加哥大学本科教育在学生中间创造了一个激动人心、一丝不苟的智力环境。与其他学校相比，当时的芝加哥大学是美国本科生教育最好的地方之一，这些教育经验逐渐沉淀，形成了芝加哥大学的良好传统。至今，讨论式的教学法、跨学科的通识课程、对原典及第一手文献的研读，仍然是芝加哥大学通识教育的一大特色。

---

① 沈文钦.赫钦斯与芝加哥大学的通识教育改革［J］.比较教育研究，2006，27（4）：41-45.
② 罗伯特·M.赫钦斯.美国高等教育［M］.汪利兵，译.杭州：浙江教育出版社，2001：50.
③ 沈文钦.赫钦斯与芝加哥大学的通识教育改革［J］.比较教育研究，2006，27（4）：41-45.

鉴于哈佛大学的通识教育课程不能达到向学生提供共同教育的目的，1943 年，校长柯南特（James Bryant Conant，1983—1978）组织"通识教育委员会"，负责设计哈佛核心课程，旨在给所有的学生提供对社会共同理解的课程。1945 年，委员会以"自由社会的通识教育"为题发表了报告书（即《哈佛通识教育红皮书》，*General Education in a Free Society Report of the Harvard Committee*）。报告明确阐述通识教育的目标是培养学生的四种能力：有效思考的能力、沟通的能力、判断的能力、对价值的认知能力；美国高等教育首先要克服过分专门化的倾向，加强人文科学、自然科学和社会科学的课程学习。根据该报

图 1-3 《哈佛通识教育红皮书》，哈佛委员会著，北京大学出版社 2010 年出版

告书的建议，大学仍须坚持主修和通识分类必修制度，四年修完至少 16 门学科，主修 6 科，通识课程从劳威尔时期的 4 科增加 2 科共 6 科，自由选修由 6 科改为 4 科。规定本科一、二年级学生在人文、社会和自然科学三个领域各选一门，其中人文领域内至少要有"文学经典名著"一门，此外还可以选读哲学、美术、音乐方面的科目；社会学科领域至少要读"西方思想与制度"课程，选修一门理化或生物科学入门课程。柯南特校长亲自为本科生讲授自然科学课程基础课。这份报告书公布后，对教育界产生了很大的影响，引起国人广泛讨论，该报告亦成为"二战"后直至 1970 年代通识教育的"圣经"。

1947 年，美国总统杜鲁门专门成立杜鲁门高等教育委员会，该委员会提交了名为"民主社会的高等教育"（*Higher Education for American Democracy*）的报告。该报告指明了冷战时期高等教育的发展方向，其中列出了 11 项通识教育的目标[①]。

（1）行为能展现出民主理念和伦理原则。

（2）能积极参与团体或社区活动，贡献自己的知识和能力。

（3）能有相互尊重的认知和行为，促进相互了解与和平相处。

---

① 黄坤锦.美国大学的通识教育：美国心灵的攀登［M］.北京：北京大学出版社，2006：121.

（4）能了解自然环境，应用科学方法，解决自我生活问题，助益人类生活。

（5）能了解他人观点，有效表达自我观点。

（6）能掌握自己的情绪，建立良好的社会适应能力。

（7）能锻炼自己的健康和体能。

（8）能了解和欣赏文学、音乐、美术，并参与艺术活动。

（9）能与家人和美相处，具有家庭的知识和伦理。

（10）能有适合自己兴趣才能的工作职业，在工作中展示才能。

（11）能有批判性的能力和习惯，具有建设性的思想。

从通识教育的目标可以看出，学生需要拓宽知识基础，不仅需要专业知识，更需要有参与社会活动、适应社会关系的能力；不仅需要在理念上了解、认识自由和民主，还需要在生活实践中，展现公民责任、捍卫民主自由。此后，美国实施以该报告为基础的"通识教育计划"。

四、通识教育的低迷与再复兴（20世纪60年代—20世纪80年代）

"二战"后，美国成为世界霸主，美国高等教育的发展深刻影响和主导了世界高等教育。战后美国大学的角色功能发生了变化：在教育视野上，美国大学教育兼具全球视野，以"自由、民主"的思想维护美国的全球利益；在教育内容方面，美国不再局限于本土的中、西部开发，更不拘泥于早期的博雅教育和通识教育，而是侧重实用技艺；在教育对象上，大量的复员军人进入大学学习，高等教育也是广开大门，扩充大学教育，高等教育进入了大众化时期；在教育思想上，由于"二战"后反战、反权威的思想深入人心，大学生对社会和政治的批评，衍生到大学教育上来，特别是对通识教育的批判，认为通识教育迂腐且矫饰。传统价值和通识教育陷入低迷之中。

1969年，常青藤联盟的布朗大学在大学校园运动影响下，对包括通识教育和专业教育在内的原有课程均做了激进式的变革，几乎取消了以前的修课规定，只要求修满最低学分即可毕业。教育修课制度朝自由化的方向发展，课程由学生自主决定，甚至学习方式和教学实践等也由学生安排。哈佛大学学生过度自主和叛逆，导致原先的通识课程全面瓦解。在1967—1968学年哈佛的教学科目（Courses of Instruction）中，原先人文领域中必读的"文学经典名著"和社会科学必读的"西方思想与制度"均取消，学生大都选择轻松容易的科目①。到 1977 年，美国只有 10% 的大学采用共同必修的核心课程，其他 85% 的大学采取松散的分类必修课程，只要学生修足学分即可，不敢再多规定共同核心必修课程，以免学生抗议示威②。这种以学生为中心的教育给高等教育带来了肤浅散漫、趋易避难的后果。

1977 年，卡内基教学促进会发布了报告《学院课程的使命》（*Missions of the College Curriculum*，1977）。该报告是通识教育改革的新里程碑，报告称通识教育缺乏定义和实质性的东西，是"灾难性区域"③。为了对抗盛行的个人主义，1977 年卡内基教学促进会主席博耶（Boyer）和他的助手开普兰（Martin Kaplan）号召实行共同核心课程。哈佛大学校长伯克（Bok）在 1973 年受聘后，任用力主大学通识教育全盘改革的罗索夫斯基（Hery Rosovsky）担任文理学院（即哈佛大学部）院长，主持改革规划。经过多方讨论和沟通，决定在 1978 年试行"核心课程"取代原有的通识课程。1982 年开始全面实施。罗索夫斯基在《核心课程报告书》（*Harvard Report on the Core Curriculum*）中提出，哈佛通识课程开课的领域分为五大类：文学与艺术，科学与数学，历史研究，社会与哲学分析，外国语文和文化。核心课程经过教学反映和多方讨论，在 1985 年分为六大类：文学与艺术，科学，历史研究，社会分析，道德思考，外国文化。所有领域知识都围绕一个共同目的，给学生确定一个知识广度的最低标准。整个核心课程每年共设 80~100 门，平均每年在每一领域开设 8~10 门。哈佛大学的核心课程改革对许多国家高等教育的教学改革带来了巨大影响，不少研究性大学和一些文理学院启用了以"核心课程"为名的通识教育计划④。

1980 年之后，历经了前卫激进和自由开放，高等教育回归传统的价值观，大学校园进入了平静的沉思和省察期，通识教育重新受到各方的重视。

---

① 黄坤锦. 美国大学的通识教育：美国心灵的攀登［M］. 北京：北京大学出版社，2006：25.

② Levine，A. Handbook on Undergraduate Curriculum［M］. San Francisco：Jossey–Bass，1988：9–15.

③ The Carnegie Foundation for the Advancement of Teaching. Missions of the College Curriculum：A Contemporary Review with Suggestions［M］. San Francisco：Jossey–Bass，1977：11，184.

④ 王霞. 美国研究型大学通识教育反思［M］. 杭州：浙江大学出版社，2010：19.

五、通识教育新发展（20世纪90年代至今）

20世纪90年代后，通识教育发展的总体趋势是：随着现代科学的高度分化，通识教育致力于减少知识碎片化的程度，加强连贯性，促进学生主动学习。现代科学的发展趋势一方面是高度分化，另一方面是高度综合。当前教育的趋势总体还是以分化为主，辅以有限的学科交叉。因此，新时期的通识教育要加强连续性和整体性，即加强学科间的流通性，弥补专业化带来的知识割裂。

高校对通识教育的重视程度日益增强，但是总体而言，通识教育的改革成果局限于通识教育教法上的创新，例如对主题项目的关注度与日俱增等，但在通识教育理念上并无太大变化。大学日益增长的研究和专业化趋势使得本科教育的内容越来越专业化。大多数高校没有采用一套严格制定的核心课程，而是选择了制定课程与自由选修间的第三条道路：跨学科主题组合、课群和学习共同体，其中关于多元文化的课程也成为通识教育的一部分[①]。所谓课群，是以特定的素养结构为目标，由若干门性质相关或相近的单门课程组成的一个结构合理、层次清晰、彼此连接、相互配合、深度呼应的连环式课程集群。课程群聚焦核心素养和课程目标，根据逻辑性和相关性，建构课程链条，形成课程之间纵向衔接与横向联系，可在知识体系之间进行组合搭配、整合优化。第三条道路是针对现行教育教学中学科门类过多、过细的问题而作出的选择，加上增设跨文化课程，倡导人文教育，成为欧美大学通识教育新的发展趋势。

第二次世界大战之后，特别是20世纪90年代以来，随着美国在全球范围内政治、经济、军事和文化等方面影响力的不断加强，美国高等教育模式也随之传播到许多国家和地区，并在一定程度上影响了这些国家和地区的高等教育改革。第二次世界大战后，美国的通识教育被介绍到日本。日本按照美国模式，在大学本科教育中引入通识教育理念并设置相应的课程。到1991年日本掀起新一轮全国范围的大学本科教育改革，除东京大学和少数私立大学外，日本大学本科教育课程大都由通识教育课程和专业教育课程两大部分构成[②]。

---

① Johnson，D.K.，Ratcliff，J.L.，gaff，J.G.A Decade of Change in General Education［J］.New Direction for Higher Education，2004（Spring）：9–28.

② 黄福涛.从自由教育到通识教育——历史与比较的视角［J］.复旦教育论坛，2006，4（4）：19–24.

通识教育作为现代大学教育的重要组成部分，发轫于西方的自由教育，历经工业社会、现代化国家的建构，在传统与革新、保守与自由、专业与通才、功利与道义的角力中不断地发展和演进。通识教育力图打破专业间的壁垒，使学生通过对自然科学、社会科学、人文科学等不同领域知识的学习与整合，成为视野开阔、见识通达、人格健全的个体，从而能明智而负责任地面对个人与社会问题的抉择，并形成终生学习的能力与习惯[①]。

第三节　中国通识教育的发展脉络

中国的通识教育不仅学习和借鉴了国外通识教育的理念和模式，而且还深受中国古代大学教育传统的影响。作为东西方文化演化的产物，中国通识教育的源头可溯至先秦儒学教育。先秦儒学教育与西方的自由教育（或称博雅教育）的目的和宗旨相类似，反映了人类文明传承的普遍要求。从历史发展的脉络来看，中国的传统教育以儒家教育经学传统为主流，兼容其他诸子学说、道家和佛教文化，旨在"克己修身"、培养"完美人格"，与博雅教育有异曲同工之妙。

一、古代通识教育（1840 年以前）

中国的通识教育并非简单地照搬西方经验，而是融汇中西的结果。纵观中华文明历史，通识教育推行的传统和土壤毫不逊于西方文化，其中儒家教育思想成为了中国通识教育的主流。

中国古代正规教育滥觞于东周春秋时期的贵族教育。诗、书、礼、乐、易等知识是春秋时期贵族教育的基本教材。儒家先贤孔子继承和发扬了礼乐文化传统，形成以"仁"为核心的思想，建立了以六经为主体的知识体系。儒家教育所重不在知识的传递，而是德性培养和政治智慧的提升[②]。战国时期，孟子继承并发展了孔子儒学，提出"仁政"之说，主张以仁义道德为本，治国平天下。汉代元光元

---

① 陈向明.对通识教育有关概念的辨析［J］.高等教育研究，2006（3）：64—68.
② 毕雁.中国古代通识教育的传统及其问题［J］.清华大学教育研究.2014（2）：21—26.

年（公元前 134 年），董仲舒提出"罢黜百家，独尊儒术"，得到西汉武帝的赞赏和提倡。此后，儒家战胜道家，超越墨家、法家等，成为中国古代历朝的正统思想。儒家思想是中国古代政治的立国之本，儒家伦理作为社会规范融入民众的血液之中，仪式化、伦理化的儒家思想维系了中国传统社会几千年的稳定与发展。

在教育思想上，儒学先贤孔子、孟子追求"博""通"。儒家学派强调"博学"，教学内容主要为"六艺"，即礼、乐、射、御、书、数。"六艺"已大致包含我们今天所说的"德、智、体、美"四育，或"文科"与"理科"的内容。同时，身具"六艺"而有德者才能被认为是"贤才"。《史记》记载："孔子以诗、书、礼、乐教，弟子盖三千焉，身通六艺者七十有二人。"在"博"的基础上可融会贯通，即知自然人文，知古今之事，博学多识，通权达变。《中庸》主张，做学问应"博学之，审问之，慎思之，明辨之，笃行之"。《论衡》中说："博览古今为通人""读书千篇以上，万卷以下，弘扬雅言，审定文牍，以教授为师者，通人也""通人胸中怀百家之言"。可见，中国通识教育的思想，源远流长。

在思想道德规范上，儒家要求培养的人，是"士""君子"乃至"圣人"，是一种完善的人格。儒家核心是讲求"君子之道"，非常注重思想道德、人生观、价值观等方面的培养。儒家提出："君子不应以专注于一技一艺为学习目标，而应当立其大本，追求高于技艺学问之上的东西。"①《礼记·大学》篇提出："大学之道，在明明德，在亲民，在止于至善。"这些经典阐明儒家通识教育的纲领、目标、内涵与方式方法，富有深邃的文化内涵。儒家通识教育以弘扬"仁"之美德、培养"君子"人格为目标，以"文、行、忠、信"为教育的主要内容，通过"学""问""思""辨""行"的途径，实现修身治国的理想。这种通识教育的理念与目标，深刻影响了后世的教育实践②。

在教育形态方面，中国古代通识教育主要表现为以太学、国子监、书院等教育机构为主要媒介，"经学教育"为主要内容，实践儒家通识教育理念，形成读经入仕的传统。中国汉代太学所教的科目"四书五经"，其实与西方"七艺"一样，没有科目是职业性的、具有操作性的，都是博雅教育。隋唐之后，经学与科

---

① 杨东平 . 通才教育论［M］. 沈阳：辽宁教育出版社，1989：186.

② 张亚群 . 中国大学通识教育传统的现代价值［J］. 华中师范大学学报（人文社会科学版），2014，53（1）：146–154.

举结合，儒家经典从"九经"扩展到"十三经"。特别是宋代书院教育推动了儒学文化的传播，在著名学者主讲的书院中，注重人格教育，延续了儒家通识教育传统。中国书院制度及其教育活动所贯穿的教育精神，一言以蔽之，即儒家人文精神与通识教育传统。

明清时期，在专制统治与文化禁锢政策的束缚下，大学教育的内容与形式陷入僵化状态，失去活力。清代前期残酷的"文字狱"与闭关锁国政策，导致士人避谈时务，转向"考据"之学，中西文化交流停顿。及至晚清，在西方殖民扩张、西学东渐的冲击下，传统大学教育出现严重危机，儒学通识教育急速衰落。

二、近代通识教育（1840—1912 年）

本阶段从鸦片战争开始至清朝灭亡。这一阶段中国的通识教育仍以传统科考经学为主，但是新兴的洋务学堂开启了中国教育近代化之路，开始尝试专业性教育，也使通识教育开始了具有西方特色的新历程。

鸦片战争之后，清朝无可挽回地走上了衰败之路。见识到了洋枪洋炮的威力，不少清朝官员开始认识到西方军事、工业技术等的强大。19 世纪 60—90 年代，"洋务运动"兴起并开展起来。洋务派官员主张"中学为体，西学为用"，在创办了一批近代军事工业的同时，还倾力开办了一批洋务学堂，在一定程度上影响了中国传统经学的教育事业。洋务学堂是新式学堂，名为"西学"，大致分为三类：方言学堂、技术学堂、军事学堂。方言学堂，即外国语学堂，主要培养翻译人员。如，1862 年清政府在北京设立的京师同文馆，这是中国近代史上最早的外国语学院。技术学堂，如，1866 年左宗棠在福州设立的福建船政学堂，1867 年李鸿章在上海开设的机器学堂。军事学堂，如，1880 年李鸿章在天津建立的天津水师学堂，堪称中国最早的军事专科学校。1887 年和 1890 年，广东水师学堂和南京水师学堂相继建立。1893 年，李鸿章在天津创办军医学堂，这是中国人自设西洋医学的开始。这些学堂与传统官学、书院不同，主要目的是造就洋务事业需要的专门人才。洋务学堂均为专科学校性质，无统一的学制，教学内容除"四书五经"等外，主要内容是"西文"和"西艺"，如近代天文、数学、物理、化学等自然科学知识和技术学科，或者万国公法、外国史地等人文科目。教学内容注重学以致用，具有很强的专业性和实操性。

1898 年，中国第一所国立大学——京师大学堂成立，这标志着中国近代国立高等教育的开端。梁启超草拟《京师大学堂章程》，确定"中体西用"的办学宗旨。在课程结构上，京师大学堂课程分为"溥通学"和"专门学"两类，经学、理学、中外掌故学、诸子学、初级算学、初级格致学（物理学）、初级政治学、初级地理学、文学、体操学为"溥通学"。"专门学"除包括卫生学外，还包括高等算学、高等格致学、高等政治学（包括法律）、高等地理学（包括测绘学）、农学、矿学、工程学、商学、兵学。全体学生必学"溥通学"，之后再学"专门学"，每位学生各占一门或两门。1906 年、1907 年，北洋大学堂和山西大学堂先后举办本科教育。1910 年 3 月，京师大学堂开办分科大学，共设 7 学科 13 学门，其中，"中学" 4 门，"西学" 9 门。"溥通学"教学成为中国近代大学通识教育的发端。中国近代高等通识教育（自鸦片战争至清朝灭亡）在西学东渐的背景下，经历了从传统到现代的艰难转变，表现出浓郁的西化色彩。

三、现代通识教育（1912—1949 年）

本阶段是指从 1912 年中华民国建立至 1949 年中华人民共和国成立，通识教育呈现出从近代向现代化转变的特点。民国期间，经学科考制度已被废除。中国的高等教育移植了西方教育制度，引入西学课程，融合本民族文化，经过三个阶段的发展，逐渐构建了近代成熟的通识教育传统[①]。

第一阶段，民国初年《大学令》的颁布及北京大学的变革，初步确立了通识教育宗旨及通才培养模式。此阶段的通识教育倡导者主要是大学校长、教育官员及留学毕业生，虽然人数不多，但发挥了重要的先导作用。

1912 年，教育部教育总长蔡元培颁布了民国关于大学教育的第一个通令《大学令》。该通令废除了大学经学科，规定了大学教育的宗旨："大学以教授高深学术、养成硕学闳材、应国家需要为宗旨"，确立以文理二科为主，培养"通才"的办学目标。大学分文、理、法、商、医、农、工七科；以文理二科为主，须文理二

---

① 张亚群.中国大学通识教育传统的现代价值［J］.华中师范大学学报（人文社会科学版），2014，53（1）：146–154.

科并设，或文科兼法商二科，或理科兼医农工科者，方得称"大学"。

　　在通才培养模式上，北京大学是民国时期该阶段的典型代表。就通识教育理念而言，蔡元培在担任北京大学校长时提出了"兼容并包，思想自由"，大学应"囊括大典，网罗众家"，遵各国大学"思想自由之通则"。蔡元培广揽中外各类教员，破除了中学与西学、留洋与本土之樊篱，为培养通才奠定了思想与学术基础。在通识教育课程设置上，北大采取文、理不分科，将文、理、法三科界限撤去，设十四系。开设各学门的"通科"课程，本学门第一、二学年共同必修。改年级制为选科制，实行"单位制"即"学分制"，扩大教学的自主选择性。蔡元培还在北大推动美学教育，以美育代宗教，陶冶师生情操[①]。1921 年他亲自讲授美学 10 余次。这些举措，不仅拓展了北大通识教育的深度与广度，而且开创了中国大学通识教育的新传统，产生了深远的教育影响。

图 1-4　北京大学校园内的蔡元培像

---

① 高平叔. 蔡元培全集：第三卷 ［M］. 北京：中华书局，1984：211.

第二阶段，19世纪20年代至19世纪30年代。该阶段通识教育的大事主要有："新学制"的实施、"学院制"的推广，以及"国学"教育的兴起。更多的大学校长和教育家投身通识教育实践，促进了培养模式的变革。

从教育制度变革来看，1922年"新学制"以七项"标准"为教育指导方针，设立单科大学，废止预科，采用选科制。这些举措，增加了大学办学自主性与选择性，推动了大学数量的扩张，特别是私立大学的创办。1929年7月，民国政府颁布《大学组织法》，规定大学设国立、省立、市立和私立4种；大学各学院或独立学院各科，须分若干学系；七科之外，增加教育学院；大学至少需具三学院，且包含理学院或农、工、医各学院之一。此外，规定大学各学院或独立学院各科，除党义、国文、军事训练及第一、二外国文为共同必修科目外，须为未分系之一年级生设基本课目。各学院课目分配及课程标准另定。规定各学院各科课程，采取学分制。1931年，教育部公布学分制划一办法。通过整理大学课程，纠正课程泛滥凌乱、多修滥给的弊端，提升了通识教育效应。

该阶段通识教育最具代表性的是"国学"的兴起。由于新文化运动的兴起，学术界喊出"整理国故"的口号，即用科学的方法整理和研究中国传统的思想文化学术，也就是国学。国学是在西学背景下对民族学术文化的总称，中国文化在不断地西化中被割裂。作为对中国教育体系过于西化的反弹，国学代表着中国通识教育本身。自1920年无锡国学专修馆（后称"无锡国学专修学校"）建立后，中国大学的国学研究院陆续成立。1921年北京大学国学研究所、1923年东南大学国学院、1925年清华国学研究院、1926年厦门大学国学研究院、1928年燕京大学国学研究所等研究机构成立，培育国学研究人才。这些大学的校长和国学院教授通过国学的办学方针和课程设置，不断融合中西文化，积极探索通识教育新路径。例如，厦门大学校长林文庆虽然师承英国大学教育传统，但是非常重视国学。他制定了《厦门大学校旨》："本大学之主要目的，在博集东西各国之学术及其精神，以研究一切现象之底蕴与功用；同时阐发中国固有学艺之美质，使之融会贯通，成为一种最新最完善之文化。"他用《大学》中的"止于至善"四个字作为厦大的校训，以培养学生"人人为仁人君子"。学校经常组织尊孔、祭孔活动，孔子的生日被列为重要节日，全校放假，"以示恭祝"。1926年，厦大成立国学研究院，林文庆亲自兼任院长，自称"对于国学，提倡不遗余力"。他除了主持日常校务之外，还从事儒家伦理的研究，以及其他多方面的著述活动。他强调厦门大学要重视国文、文学、哲学及文科各课程，文科学生亦应有相当之科学知识，以便完全实现其所受教育之功用。在师资结构上，这一时期留学毕业生成为公私立大学教师的主导力量。大量留美、留欧毕业生学成归国，直接推动了西方通识教育理念的传播。如东南大学，"以留美毕业生为主体的师资结构，不仅充实了学校的教学、管理和科研力量，也带来西方教育理念，促进了通识教育的发展"①。

图 1-5　《自强不息 止于至善——厦门大学校长林文庆》，张亚群著，山东教育出版社出版

　　第三阶段，抗日战争时期至 1949 年中华人民共和国建立，主要特点是：教育部确立以大学各学院"共同科目表"为基础，建立由基本课程到专门课程，通专结合的人才培养模式；书院教育再度兴起。

　　为提升高等教育效能，1938 年春，教育部会同专家、教授，制订文、理、法三学院各学系课程整理办法草案。1938 年 9 月公布修订文、理、法三学院《共同必修科目表》，自本年度新生开始实行。其后，颁布和实施《修订师范学院共同必修科目表》，农、工、商学院《共同必修科目表》（1938 年 11 月）。共同必修科目属于通识教育及专业基础课程，课程设置采用通专结合模式，前两年主要实行通识、基础教育，后两年侧重专业课程学习及专业实践。以西北联合大学为例，文、法学院共同必修科目有九种，52~56 学分；理学院共同必修科目七种，46~54 学分；商学院共同必修科目九种，48~56 学分。共同必修科目在人才培养中占据了重要地位。从课程内容来看，通识教育举足轻重。各学院共同必修科目包括人文、社会和自然科学三类，大多属于通识课程，如国文、外国文、中国及西洋通史、伦理学、哲学概论（或科学概论）、文学概论、高等数学及自然科学（物

---

① 张雪蓉.以学术性为根本塑造大学精神——20 世纪初我国现代大学精神和大学制度确立的再回顾［J］.南京邮电大学学报（社会科学版），2011，13（1）：106–110.

理学、化学、生物学、生理学、心理学、地质学等任选一或两种），社会科学（社会学、政治学、经济学、法学通论、财政学、会计学、民法概要等任选一或两种）。各学院共同必修科目分类组合，略有侧重。上述课程设置具有统一性，从一个侧面反映了抗战时期大学通识教育的基本概况。此外，1941年，教育部将《三民主义》改为共同必修科目，至1945年2月，改为军事训练办法。1942年5月规定，《伦理学》作为大学一年级共同必修科。同时，在该阶段还有梅贻琦、潘光旦、竺可桢、钱穆等教育家和学者，针对人才培养问题，阐明自己的教育理念和办学主张，赋予通识教育新的内涵。在西南联大，梅贻琦与潘光旦合撰《大学一解》，深入辨析中西大学传统的价值，探寻通识教育新路径。

一些著名学者和校长、教育家反思移植西方大学办学理念之得失，阐释、弘扬中国传统大学通识教育意蕴，探索书院教育新模式。梅贻琦认为："通识之授受不足，为今日大学教育之一大通病"，其最大原因在于，"通则一年，而专乃三年"。为此，须拓展通识教育的广度与深度。为了接续通识教育传统，新儒家学者融合中西大学制度，复兴书院教育。我国的书院制度肇始于唐，成熟于宋明，废止于晚清。在民族危机空前严重的抗日战争时期，现代新儒家群体先后创办书院，希冀保存与接续中华民族的文化血脉。1939年，马一浮在四川乐山乌龙寺创办复性书院，任院长兼主讲。复性书院除修"六经"之外，还兼习玄学、义学、禅学和理学，熊十力前来讲学。次年，梁漱溟在重庆北碚创立勉仁书院，为诸生讲授《中国文化要义》。张君劢在云南大理创办民族文化书院，培植与奖掖有志于民族文化复兴之人才。1949年，钱穆在香港创办新亚书院，立其宗旨："上溯宋明书院讲学精神，旁采西欧大学导师制度，以人文主义之教育宗旨沟通世界东西文化，为人类和平、社会幸福谋前途。"新亚书院与崇基书院、联合书院组成香港中文大学，重视通识教育至今仍为该校一大特色。该阶段的书院将民族文化与现代文化、古代教育与现代教育结合，在文化传承上具有重要的意义与价值，对当代的传统文化传承与发展也深具影响①。

综上所述，中国现代的通识教育理念的形成与发展，是中国大学制度产生与变革的缩影，与中国近代政治、社会形态的变化密不可分。中国大学教育建立并

---

① 李富强.书院制度下的"文化复兴"尝试——张君劢与云南大理民族文化书院［J］.人文天下，2017（11）：35-40.

逐步取代了传统的府学制度，通识教育既汲取了欧美先进的经验和成果，又保留了中国传统国学的基础，因此现代通识教育无论从理论还是实践上都取得了骄人的成就，至今犹存光芒。

四、当代通识教育（1949 年至今）

新中国成立初期，我国的高等教育完全照搬苏联模式，强调专业对口和专才的培养。同时，我国急需社会主义经济建设人才，在高校教育模式上，重点兴建了一批多科性工学院和单科性专门学院，"专业"划分很细。通识教育被认为是一种不切合实际的教育方式，受到大力的批判。通识教育的理念消失，通识教育在实践上断裂，很长一段时间都没有出现在中国教育史上。20 世纪 80 年代以后，高校过度专业化的状况有所改变，但在市场经济的大潮中，实用主义、急功近利的思想席卷社会。大学生对应用型、赢利型的学科趋之若鹜，人文基础学科如文、史、哲等和人文精神呈现衰退趋势。我国这种过度专业化的人才培养模式造成的缺点非常明显：由于专业和教研室划分过细、过窄，造成学生、教师的知识和视野备受限制；重专业轻文化，忽视了学生综合素质的培养，只能培养出功利性强的人才；学生的人文精神缺失，容易产生心理不健全、性格缺失等问题；学生漠视中国传统文化，文化传承遭遇困难。这种模式对我国教育的影响颇深，其弊端至今并未完全清理。

20 世纪 90 年代之后，中国开始反思教育中的弊病，逐步重视传统文化、拓宽基础教育，"通识教育"再度进入教育者的视野中。如：1987 年陈卫平、刘梅龄撰文介绍香港中文大学的通识教育[1]，1988 年杭州大学张维平撰写题为《高等学校中的普通教育》的博士论文，1989 年杨东平教授出版了专著《通才教育论》[2]。20 世纪末，海峡两岸和香港多次召开通识教育与文化素质教育研讨会，使内地大学的管理者开始更多地接触和了解通识教育。这些无疑都促进了通识教育理念在中国内地的传播[3]。

---

[1] 陈卫平，刘梅龄.香港中文大学的通识教育及启示［J］.高等教育研究，1987（2）：74–78.
[2] 杨东平.通才教育论［M］.沈阳：辽宁教育出版社，1989.
[3] 庞海芍，郇秀红.中国高校通识教育：回顾与展望［J］.高校教育管理，2016（1）：12–19.

我国当代大学通识教育主要采取两条路径：第一，批判性借鉴我国的传统通识教育，学习和借鉴欧美通识教育理念和模式。第二，通识教育在素质教育框架下成长，两者发展相辅相成，然后通识教育逐渐脱离素质教育，形成独立的内涵和模式。但总体而言，我国的通识教育始终烙印着素质教育的痕迹。纵观改革开放后的中国通识教育历史，我们可以将通识教育的发展分为三个阶段[①]。

（一）萌芽阶段（1995—2000 年）

通识教育不等于素质教育，但是在我国通识教育和文化素质教育的宗旨实质上是相通的，早期将通识教育视为进行素质教育的一种方式[②]。1995 年 7 月，国家教委（即现今的教育部）发布了《关于开展大学生文化素质教育试点工作的通知》，开启了素质教育制度建设的征程。1995 年 10 月"第一次全国高校文化素质教育试点工作研讨会"提出：高校文化素质教育工作应该采取多种方式，如：开设必修课和选修课，开展专题讲座、文艺活动和课外阅读活动，加强校园人文环境建设，开设社会实践活动，等等[③]。部分高校开展"文化素质教育"的试点与实践，承载了许多社会意愿和情感的通识教育终于登上了教坛。1998 年，教育部颁布了《关于加强大学生文化素质教育的若干意见》，进一步明确了加强文化素质教育的重要性和紧迫性、途径与方式、师资队伍建设等具体问题。1999 年，全国第三次教育工作会议召开，国务院颁发了《关于深化教育改革全面推进素质教育的决定》，将素质教育推向高潮。

该时期的通识教育是在素质教育的框架下开展的，属于雏形发育阶段。在素质教育方面，一批理论研究成果出现，积极探索了素质教育的内涵和时代意义，知识、能力、素质三者之间的关系等。各高校普遍成立了文化素质教育工作指导委员会，开展了大量丰富多彩的"第二课堂"活动，开设了文化素质教育选修课程。素质教育实践活动蓬勃开展，大大推动了中国高校文化素质教育和通识教育实践的发展。

[①] 庞海芍，郇秀红. 中国高校通识教育：回顾与展望［J］. 高校教育管理，2016（1）：12-19.

[②] 王义遒. 大学通识教育与文化素质教育［J］. 北京大学教育评论，2006，4（3）：2-8.

[③] 金宏奎. 中西大学通识教育理念演进与制度建设比较研究［J］. 当代教育理论与实践，2017（12）：48-53.

（二）探索发展阶段（2000—2010 年）

2000 年后，通识教育开始从文化素质教育的框架中分离，进入教育者的视野。当时教育部门缺乏丰富的经验和应对措施，刚开始多是学习美国和中国香港、台湾地区的大学通识教育模式，开展通识教育的实践探索。主要表现在以下三个方面。

（1）通识选修课从无到有，从少到多，从注重增加数量发展到提升质量，大学开始进行通识教育的系统设计、培育精品、提升品质和地位。很多大学开设了"通识教育选修课"（有的称作"文化素质教育选修课"）。如，北京理工大学于1986 年即开设了 5 门全校任意选修课，目的是增加学生的学习自由度，加强人文社会科学教育；1999 年更名为"公共基础任选课"，要求每个大学生修读 6 学分；2003 年发展为通识教育选修课，内容涉及人文社会科学、自然科学、工程技术等领域，课程数量大大增加。

（2）一些大学如清华大学、上海交通大学、武汉大学等提出本科教育实施"通识教育基础上的宽口径专业教育"人才培养模式。本科教育进行了新的改革，包括教育理念、培养体系、课程设置等方面的创新。例如清华大学倡导"通识教育基础上的宽口径专业教育"新的人才培养模式，努力把学生培养成为具备健全人格、宽厚基础、创新思维、社会责任、国际视野和领导潜质的人，将来能够对国家和社会做出重要贡献。从 2006 年开始实施思想政治理论新课程方案，制定了思想政治理论课程体系。学校还出台了文化素质教育改革方案，将原 10 个文化素质教育课组重新整合为 8 个课组。在此基础上，清华大学启动了"文化素质核心课程"项目，采取名师授课、小班辅导、阅读经典、深度学习等教学形式，有专项建设经费支持，目前已有 100 多门核心课程。

（3）一些大学创办了通识教育人才培养模式改革实验班、通识教育学院，如北京大学元培学院、复旦大学复旦学院、浙江大学求是学院、北京理工大学徐特立学院、中山大学博雅学院和宁波大学阳明实验班等。北京大学元培学院强调其教学目标是："北京大学本科教育改革的试验基地，是中国高等教育的'深圳特区'，借鉴世界优秀大学的成功经验，贯彻加强基础、促进交叉、尊重选择、卓越教学的方针，建立中国特色的博雅教育计划和北大风格的本科人才培养模式，培养具有爱国情怀、国际视野、创新精神和实践能力，在各行业起引领作用的高素质人才。"① 这种通识教育学院每年仅招收几十名大学生，但大都设计了较为完善、系统的通识教育制度，如一二年级加强通识教育，之后进行专业分流，自由选择专业、实行导师制等，对本科四年进行全程管理教育。有的通识教育实验班或者书院式的住宿学院，力图通过组织变革加强全校的通识教育。其主要有如下特点：负责全校一年级或一、二年级本科生的教育教学管理，之后学生进入各专业学院学习；高考入学后按学科大类对学生进行培养和管理，打下坚实宽厚的基础，为二年级的专业分流做好准备；改革大学生住宿管理，充分发挥宿舍的育人功能。如浙江大学求是学院专门负责全校一年级新生及专业确认前学生的通识教育培养，本科生在二年级主修专业确认之后，回到各专业学院学习②。总之，大学根据自身的教育理念和理解，以通识教育学院、实验班或者住宿学院的形式加大了通识教育的实践力度，这些教育改革引起了社会关注。

（三）深化与提高阶段（2010年至今）

2015年11月，北京大学、清华大学、复旦大学和中山大学在上海正式发起成立"大学通识教育联盟"。2016年6月，"大学通识教育联盟"主办、清华大学新雅书院承办了"第二届大学通识教育联盟年会"。2017年8月，以"通识教育与'双一流'建设"为主题的第三届（2017年）大学通识教育联盟年会在北京大学召开，中国人民大学、上海交通大学、西安交通大学、陕西师范大学等34所高校加入联盟。这些标志着中国高校对通识教育的重视，通识教育得到了不断的深化与提高。

在通识教育课程方面，2010年之后我国大学通识教育课程的份额明显呈增加趋势。课程内容由全校必修课和文化素质教育选修课组成，在课程设置上照顾到学科间的联系，设置了跨学科的课程。通识教育课程分为必修、限选和自由选修三种，教学形式还是以授课式教学为主，少部分以讲座和课题讨论的方式进行。由于通识教育选修课所占本科课程总学分比重较低（为4%~12%），与高校设置的公共必修课和专业课相比不太受重视、地位偏低，因此仅靠通识选修课程很难

---

① 北京大学元培学院［EB/OL］.［2019-07-30］. https://yuanpei.pku.edu.cn/xyik/xyjj/index.htm.
② 王生洪.追求大学教育的本然价值——复旦大学通识教育的探索与实践［J］.复旦教育论坛，2006，4（5）：5-10.

实现通识教育的理念和目标。近几年，随着人们对通识教育内涵的深入理解，逐渐认识到所有公共基础课程均应发挥其通识教育作用，于是在通识课程建设方面呈现出一个特点，即一些大学开始把公共必修课（包括思想政治课、外语、计算机、军体等）也看作通识教育课程，使通识必修和通识选修一起承担通识教育的使命。我国大学的本科课程体系主要由"公共基础课 + 学科基础课 + 专业课"三部分构成。根据 111 所高校培养方案的分析，88% 的高校把公共课作为通识教育课程，还有的高校把思想政治课转入通识课。相当一部分工科院校把通识教育理解为素质教育，把专业选修课作为通识课程[①]。如：浙江大学将本科课程体系划分为四个部分：通识课程、大类课程、专业课程、实践教学。其中，通识课程包括必修课（思政类、军体类、外语类、计算机类）和通识选修课、通识核心课等。但目前主要还是名称的改变，即将原来的全校公共基础必修课称作通识必修课，课程的实质如课程内容、价值取向、教学理念及方式方法等没有根本改变。

通识教育需要打破现有的体制局限，不少高校针对本校实际，从制度构建、实施策略等方面推动通识教育的变革。有的加强了通识选修课的顶层设计和政策支持，有的在原有通选课的基础上重点建设一批"通识核心课程"，有的将原有的通选课通过政策扶持改造为通识核心课程。一些高校还成立了通识课程委员会，聘请不同专业学者对通识课程进行总体设计和质量审核；采取多项措施如激励名师授课、配备助教、小班研讨、阅读经典等提升质量。例如，上海交通大学从2009 年 9 月开始将原有的通选课改造为通识教育核心课程。学校成立了通识课程委员会和 4 个课程模块专家组对通识课程进行顶层设计，采取遴选立项、期满验收、定期复评、不断更新的方法进行建设，通过立项的核心课程每年每门给予2 万元建设经费，等同于上海市精品课程。学校提倡小班教学，每班 50 人，且配备一名助教随堂听课，进行课外辅导及小班讨论等[②]。

由于当今国际化交流的加强、科学技术的发展，高等教育的外部环境和内部环境均发生了急剧变化，培养高素质创新人才的重任更为迫切，通识教育需要从

---

① 邬大光 . 本科教育基因六大特征解析［EB/OL］.［2019-06-23］.http：//www.gov.cn/xinwen/2018-11/27/content_5343657.htm?_zbs_baidu_bk.

② 庞海芍，郇秀红 . 中国高校通识教育：回顾与展望［J］. 高校教育管理，2016（1）：12-19.

理论和实践两方面进行深入研究和积极探索。不论是局部的课程改革还是全方位的培养模式探索，通识教育改革都显现出重重困难，已经触及了本科教育理念、人才培养模式、大学管理体制、大学组织结构和运行机制等深层次问题。通识教育迈向以民族文化认同和融入社会核心价值的公民教育阶段，通识教育将与现代大学制度、大学治理等战略构建相结合，不断丰富通识教育的价值、内涵，构建出当代科学的实践机制和策略。

五、香港、台湾地区通识教育发展史

（一）香港地区通识教育史

1951 年创办的香港崇基学院在美国通识教育理念的影响下，模仿美国的大学开设人生哲学课程。1963 年，该学院转并成立香港中文大学后，人生哲学课程改为通识教育课程。而香港中文大学自创校以来，一直强调通识教育，但其形式与内容几经变革。20 世纪 90 年代后，在香港中文大学的影响和推动下，通识教育被香港各大学普遍接受。

香港中文大学通识教育课程由两部分组成：大学通识教育和书院通识教育。

1. 大学通识教育

大学通识教育科目由大学通识教育统筹，大学各学系共同开设。2004 年起实行"四范围"大学通识课程，所谓"四范围"是指"中华文化传承""自然、科技与环境""社会与文化"及"自我与人文"，所有本科生必须在每个领域内选修最少一科。学系开办通识课程时不单纯从本科教学目的出发，而要考虑与其他知识领域接连上关系，强调跨学科的知识追求，旨在学生在面对人生、面对社会、面对世界时能具备基本识见。

2. 书院通识教育

书院教育是香港中文大学的一大特色。崇基、新亚、联合、逸夫等书院从其书院精神及传统出发，对学生作心智上的熏陶。各书院按其文化背景及理念，为同学提供各具特色的书院通识教育课程。书院提供通识教育科目，还特别着重书院生活教育，强调同学的参与、分享及交流。课程形式除了传统的授课和讲座外，还采取专题讨论、书院周会及月会、海外学习团等多种形式。一方面开拓他们的视野，另一方面促进学生们跨学系的沟通与合作。香港中文大学的每个学生都需要选择一个书院，但书院并非和学院一样单独设置有行政管理机构，而是类似于社团，住宿、生活在书院的范围之内。

香港中文大学的大学通识教育和书院通识教育，两者相辅相成，缺一不可。凭借着不同的课程和活动，香港中文大学的通识教育冀能开启学生的心灵，让他们走出个人思想的框框，了解当前的世界，对自己的文化、社会、历史多一点关怀。纵观中大的通识教育课程，某种程度上已经做到"来自各方的人一起参与学习"的理想：每年开设200多门题材广泛的通识科目，课程由各个学院40多个学系共同参与，提供各种学科给来自不同学系的学生一起修读。至于如何在教与学的内容上更进一层楼，则有赖各学系老师们的投入参与、同学们的学习热诚以及各方面的双向沟通。①

20世纪90年代后期，随着内地与香港在文化教育领域交流的不断加强和深入，源于香港中文大学的通识教育概念与课程设置对内地有关院校实施通识教育课程产生了极大的影响。

（二）台湾地区通识教育史

1955年，台湾东海大学成立。东海大学是美国季度教会创办的一所私立大学，旨在发扬基督教义，提倡中西文化交流。东海大学是台湾最早推行通识教育的大学，它按照美国模式实施宏才教育（General Education），后改为"通才教育"。东海大学非常重视通才教育，聘请了美国有关专家前来指导。东海大学的"通才教育"目的在于使学生对自然界、社会以及人生，能作综合性之了解，助成其对整个文化的基本认识，以及学生人格的发展②。1970年后，由于东海大学教学方针的变化，该校的通才教育改弦易辙，逐渐没落。但是受东海大学的启发和影响，台湾的通识教育逐渐发展起来。

20世纪80年代后，台湾地区经济发展迅速，政治趋于开放，文化多元主义

---

① 香港中文大学. 独特的书院制度［EB/OL］.［2019-07-30］.http：//www.cuhk.edu.hk/chinese/college/system.html.
② 陈舜芬. 东海大学早期实施的通才教育及其启示［J］.通识教育季刊，2000，7（2，3）：5-46.

兴起，这些都推动了大学教育的发展。1981 年，台湾大学校长虞兆中教授提出：将"通才教育"作为办学理念，此后，台湾大学对推动通识教育不遗余力，其理念与定义乃秉持："建立人的主体性，以完成人之自我解放，并与人所生存之人文及自然环境建立互为主体性之关系的教育。"通识教育强调不同学术领域之间对话、沟通与融合的可能性，除了避免传统与现代之间的断裂，以及全球化与本土化之间的断裂之外，还强调要拓深学生的文化资源，拓展全球视野，并奠定终身学习的基础能力。故在通识教育规划上，台湾大学将通识课程分为八大领域：文学与艺术、历史思维、世界文明、道德与哲学思考、公民意识与社会分析、量化分析与数学素养、物质科学、生命科学[①]。

1984 年，台湾教育主管部门发布大学通识教育选修科目实施要点，要求所有高校在文学与艺术、历史与文化、社会与哲学、数学与逻辑、物理科学、生命科学、应用科学与技术等七大学术领域内开设各种选修科目，共计 4~6 学分的通识教育课程。至 20 世纪 90 年代，台湾地区各高校全面推行通识教育[②]。台湾大学等高校确立通识教育在大学基础与核心教育中的地位，统筹课程体系、课程建设与经营管理，培养基于专业教育和通识教育的跨领域整合能力的人才[③④]。

---

① 台湾大学. 台大通识教育理念与目标［EB/OL］.［2019–06–23］. http：//coursemap.aca.ntu.edu.tw/course_map/ge.php.

② 张德启. 台湾高校通识教育课程发展及其特色[J]. 河北师范大学学报（教育科学版），2009，11（9）：89–94.

③ 董宇艳，陈杨，荣文婷. 台湾地区高校通识教育理念与模式［J］. 高校教育管理，2012，6（5）：25–28.

④ 金宏奎. 中西大学通识教育理念演进与制度建设比较研究［J］. 当代教育理论与实践，2017（12）：48–53.

第二讲
面向通识教育的阅读推广模式

第一节　阅读推广概述

一、阅读推广概况

从人类社会发展的角度来看，阅读是人类获得知识和信息的重要手段，阅读活动是人类文明的标志之一。对国家和民族而言，一个民族的精神境界取决于这个民族的阅读水平，阅读关系到一个民族的兴盛和进步，阅读有助于提高民族素质。对个人而言，阅读是一个人最基本的文化权利，阅读是一个人精神生活的延续，一个人的精神发育史就是他的阅读史。阅读可以为个人累积和创新知识，有促进自我学习、提升自我的功效，阅读对人的思维方式、知识结构都会产生积极的影响。阅读是对灵魂的塑造，阅读带来希望与未来。阅读是如此重要，开展阅读活动已经成为世界各国的一项基本文化政策。

（一）国际阅读推广概况

世界上很多国家、地区和国际组织都会开展丰富多彩的阅读推广活动。由于篇幅所限，本书将选择一些国际组织、阅读推广活动实施较好的澳大利亚和美国作为代表加以介绍。

1. 国际组织阅读推广概况

1972 年，联合国教科文组织发出"全民读书（Books for All）"的号召，1982 年又号召"走向阅读社会"（Towards a Reading Society），要求社会成员人人读书。1995 年，联合国教科文组织把每年的 4 月 23 日定为"世界读书日"（World Book and Copyright Day，世界图书与版权日），旨在让各国政府与公众更加重视图书这一传播知识、表达观念和交流信息的形式。这一天也是塞万提斯、莎士比亚两位大作家的忌日。1997 年，开展了"全民阅读"（Reading for All）活动。国际图书馆协会联合会（International Federation of Library Associations and Institutions，IFLA）、图书馆联盟国际联合体（International Coalition of Library Consortia，ICOLC）、国际文献联合会（Federation International de Documentation，FID）和联合国教科文组织的相关部门都组织过阅读活动、引领世界范围内阅读氛围的构建。其中国际图书馆协会联合会最为重要，它专门设有一个有关阅读的部门，开展了一系列的阅读研究和阅读推广活动。

2. 澳大利亚阅读推广概况

在澳大利亚，2008 年 4 月"发展澳大利亚与新西兰的读者"大会提议开展"全民阅读年"活动，2009 年 7 月澳大利亚图书馆与信息协会（Australian Library and Information Association，ALIA）公共图书馆最高会议确定举办该项活动。2012 年，澳大利亚在全国范围开展为期一年的"全民阅读年 2012"（National Year of Reading 2012）阅读推广活动。在政府大力支持、社会各界广泛合作之下，"全民阅读年 2012"取得巨大成功，效果远远超出预期：得到 560 万美国资金的支持；举办的活动超过 4000 次，吸引参与者达到 20 万人以上。"全民阅读年 2012"迸发了澳大利亚民众在全民阅读推广方面的智慧与热情，对该国今后开展全民阅读推广活动产生了深远的影响 [①]。

3. 美国阅读推广概况

美国阅读推广的历史悠久，从政府、社会组织到图书馆都大力推动阅读推广。

（1）美国政府对阅读推广活动的支持。自 1995 年以来，美国政府先后推出了"挑战美国阅读""美国阅读项目""卓越阅读方案"等项目；2002 年 1 月，美国政府制

---

① 黄晴珊. 澳大利亚"全民阅读年 2012"概况与启示［J］. 图书馆论坛，2014，34（4）：141–144.

定了一项名为《不让一个孩子掉队法》的教育改革法案；2006 年，时任美国总统克林顿发起了"美国读书运动"；2009 年 2 月，时任美国总统奥巴马继续推行全民阅读方案。这些阅读推广项目充分证明了美国政府对此项工作的重视与支持力度，美国阅读推广活动涉及面之广、覆盖范围之大均在世界范围产生了深远影响。

（2）美国一些民间组织、协会等也是阅读推广活动的重要推手。美国的图书馆协会每年都要举办一些常规性的读书活动，如全国图书馆周（始于 1958 年）、中学图书馆媒体月（始于 1985 年）、美国阅读禁书周（始于 1982 年）、少年阅读周等，都例行举办一些会议和展览等。美国相关学术协会还主办了"大阅读""一城一书""让我们来谈论它"等活动。例如，2006 年美国国家人文艺术基金会（The National Endowment for the Arts，NEA）发起的"大阅读"活动。"大阅读"这一概念是美国借鉴英国广播公司（BBC）发起的一项图书调查活动，在学习、模仿的基础上形成了具有本国特色的模式，旨在重温经典文学。该项活动分三个流程：由发起机构指定阅读书目、机构申请、发起机构审批，有 1000 多个社区接受了 NEA 的赞助，举办了相关的阅读推广活动，其中有 150 多所美国大学图书馆作为主办方开展了阅读推广活动。

（3）图书馆发起阅读推广活动。例如，"国家图书节"。1977 年，美国国会立法通过了美国国会图书馆员丹尼尔·布尔斯廷（Danicl J. Boorstin）成立"国会图书馆阅读中心"的提议，旨在利用"阅读中心"推广图书、提升阅读素养，利用国会图书馆的资源和威望刺激人们的阅读兴趣[①]。在 40 多年的发展历程中，阅读中心发起了一系列的阅读推广活动，开发了众多阅读推广项目。"国家图书节"2001 年开始由美国国会图书馆，每年 9 月或 10 月在华盛顿国家广场大草坪举办，迄今已连续举办 18 届。活动期间，读者可以目睹著名作家的风采，聆听他们对于创作的感受，有人认为"国家图书节已经成为真正的美国习俗"。该项活动通过图书把作者和读者推向幕前，为他们搭建交流平台[②]。又例如，"一城一书"活动。该活动受启于 1988 年时任美国西雅图公共图书馆的华盛顿图书中心主任南希·珀尔（Nancy Pearl）发起的"如果全西雅图阅读同一本书籍"活动。

① 郎杰斌，吴蜀红.美国国会图书馆阅读推广活动考察分析［J］.图书与情报，2011（5）：40–45.
② 刘平，胡丽文.从美国阅读推广透视我国高校图书馆阅读推广工作模式［J］.出版广角，2018，326（20）：76–78.

该项活动由图书馆组织、发起一个社区共同阅读一本书，美国国会图书馆网站会跟踪"一城一书"活动的开展情况，每两个月更新一次。

总之，美国阅读推广活动是各个部门、各个领域共同参与、协同合作的项目，各部门各尽其职，充分发挥各自优势，合力促进阅读推广活动的开展。三个活动，在"一城一书"活动效应开始回落时，"大阅读""国家图书节"开始推出，在保证美国国民阅读量的基础上，同时也促进了三个活动之间的衔接[①]。

（二）中国阅读推广概况

中国是文化礼仪之邦，历来有阅读的传统。杜甫云："读书破万卷，下笔如有神。"王贞白曰："读书不觉已春深，一寸光阴一寸金。"颜真卿的《劝学》写道："三更灯火五更鸡，正是男儿读书时。黑发不知勤学早，白首方悔读书迟。"中华民族绵延不息的文化传统以阅读为方法，以书籍、金石为媒介得以传承与发扬。

进入 21 世纪以来，中国在阅读推广上更是不遗余力。2006 年，中宣部、新闻出版总署等 11 个部门发出《关于开展全民阅读活动的倡议书》，并联合成立全民阅读组织协调办公室，中国全民阅读开始了从活动到战略、从理念到实践、从量变到质变的飞跃。2011 年以来相关政府文件及工作报告中持续倡导全民阅读，国家新闻出版广电总局每年均发出关于开展全民阅读的通知，部署全民阅读活动，并开展评选全国"书香之家"活动；2012 年，《国家"十二五"时期文化改革发展规划纲要》把"深入开展全民阅读"列为重要的文化建设项目；2014 年，第十二届全国人大首次将"倡导全民阅读"写入《政府工作报告》。2016—2017 年，与全民阅读密切相关的立法、规划密集出台。2016 年，国务院总理李克强连续第三年在"两会"《政府工作报告》中"倡导全民阅读"，同时全民阅读工作还被纳入《国民经济和社会发展第十三个五年规划纲要》，《全民阅读促进条例（征求意见稿）》《全民阅读"十三五"时期发展规划》也正式对外发布，全民阅读被列为国家战略，迎来新的发展机遇。全国各个省、市（区）均成立了阅读推广领导机构，江苏、湖北、湖南、河北、新疆等 10 个省、市、自治区都成立了由地方党委或政府主要领导担任负责人的全民阅读组织领导机构[②]。

① 刘平，胡丽文.从美国阅读推广透视我国高校图书馆阅读推广工作模式［J］.出版广角，2018，326（20）：76–78.
② 裴永刚.阅读推广法律政策的现状、问题及建议［J］.编辑之友，2015（8）：16–19.

阅读推广势如长虹，席卷中国，吸引了图书馆、数字阅读厂商、出版社、书店、传媒机构、公益组织、志愿者队伍等社会力量的参与；阅读推广成为图书馆的热点业务，也受到公共图书馆、高校图书馆的广泛关注 [①]。以中国图书馆学会为例，《中国图书馆学会章程》明确将"推动全民阅读，促进知识的创新与传播，为提高国民科学文化素质，建设学习型社会发挥作用"作为重要任务。中国图书馆学会和国家图书馆联合全国各级各类图书馆，共同开展全民阅读活动。中国图书馆学会不断探索工作机制，搭建活动平台，出版专业书籍，培育专门人才，并发布年度"全民阅读"工作通知，积极引导、协调和组织全国各级各类图书馆全面推动"全民阅读"，开展了形式多样和丰富多彩的阅读推广活动，形成了我国图书馆界"全民阅读"工作"各馆齐心、遍地开花"的格局。2006 年 4 月，中国图书馆学会科普与阅读指导委员会成立，并于 2009 年 9 月更名为"阅读推广委员会"，共分 15 个专门委员会。2003—2019 年，学会每年均开展一个主题的全民阅读推广活动。

表 2-1　历年全民阅读推广活动主题表

年代	全民阅读推广活动主题
2003	享受阅读快乐，提高生命质量
2004	关注青少年阅读，开创精彩人生
2005	阅读丰富人生，共建和谐社会
2006	图书馆：公众的权益和选择
2007	图书馆：阅读社会的家园
2008	图书馆：公民讲堂
2009	让我们在阅读中一起成长
2010	保障阅读权利，享受阅读快乐
2011	读书，给人智慧，使人勇敢，让人温暖
2012	播撒阅读种子，构建公共文化
2013	知识给人力量，阅读引领未来
2014	阅读，请到图书馆
2015	阅读的力量
2016	阅读，从图书馆出发
2017	悦读，在路上
2018	阅读，与法同行
2019	读经典 学新知 链接美好生活

① 陈幼华 . 高校图书馆阅读推广的中外对比与趋势判断——基于数据与案例的分析［J］. 图书馆论坛，2019（4）：84-92.

高校图书馆是阅读推广的重要力量。2016 年，"首届全国高校图书馆阅读推广案例大赛"召开，至 2019 年已经举办至第四届，各个高校图书馆积极参加，展示了大量优秀的阅读推广案例，总结和丰富了阅读推广的内容。目前，高校图书馆大约有 2/3 的图书馆每年定期举办阅读活动，1/3 的图书馆不定期举行，主要的活动内容有：读书征文比赛、图书推介、名家讲座、书目推荐、展览、写作活动、图书捐赠或漂流、读书沙龙等。高校图书馆开展阅读推广工作主要是基于丰富校园文化，以及配合全国全民阅读推广活动的考虑。

二、阅读推广的内涵

1995 年，联合国教科文组织确定每年的 4 月 23 日为"世界图书与版权日"（World Book and Copyright Day），1997 年又发起"全民阅读"（Reading for All）活动。Reading Promotion 一词常见于联合国教科文组织、美国国会图书馆、美国国家艺术基金会的"大阅读"项目、国际图书馆协会联合会等倡导全民阅读的组织、机构的网站和工作报告。但是在英语世界，无论是机构网站、工作报告、期刊论文，还是维基百科，都没有赋予 Reading Promotion 学术性定义，这是因为他们认为 Reading Promotion 意思清晰。"阅读推广"无非就是为推动全民阅读的实现而开展的所有引导阅读、激励阅读的活动的统称[1]。

但是随着阅读推广实践的不断深入，在我国对于阅读推广的具体定义和涵义的讨论，视角多元，观点不一，兼有争论和包容。王余光从公共图书馆的角度来分析，认为公共图书馆阅读推广是由公共图书馆独立或者参与发起组织的，普遍面对读者大众的，以扩大阅读普及度、改善阅读环境、提高读者阅读数量和质量等为目的的，有规划有策略的社会活动[2]。张怀涛认为，阅读推广顾名思义就是推广阅读，简言之，就是社会组织或个人为促进人们阅读而开展的相关活动，也就是将有益于个人和社会的阅读活动推而广之。详言之，就是社会组织或个人，为促进阅读所进行的独有的活动，采用相应的途径和方式，扩展阅读的作用范围，

① 王波.阅读推广、图书馆阅读推广的定义——兼论如何认识和学习图书馆时尚阅读推广案例［J］. 图书馆论坛，2015（10）：1-7.
② 王余光.图书馆阅读推广研究的新进展［J］.高校图书馆工作，2015（2）：3-6.

增强阅读的影响力度，使人们更有意愿、更有条件参与阅读的文化活动和事业[①]。王波认为图书馆阅读推广是指图书馆通过精心创意、策划，将读者的注意力从海量馆藏引导到小范围的有吸引力的馆藏，以提高馆藏的流通量和利用率的活动[②]。这些专家从不同的角度、不同的主体和层次出发探讨阅读推广的内涵，本书认为王波关于阅读推广的定义过于狭窄，仅仅限于图书馆馆藏的利用目的；王余光的界定虽然针对的是公共图书馆，但是将公共图书馆的限定去掉，其概念的涵义也能解释阅读推广。张怀涛的解释较为全面，涵盖了阅读推广的目的、主体、方法、对象各个要素，因此本书认可张怀涛的定义并用之来分析阅读推广。

阅读推广的理论特征包括阅读推广的属性定位、目标人群、服务形式和价值基础[③]。面向通识教育的阅读推广需要在理论上厘清属性定位、目标人群等基础要素。① 阅读推广的最终目标是通过阅读提升大学生的素养，让学生融通知识，完善人格。② 阅读推广的目标人群是学生，特别是大学生。③ 通识教育的阅读推广主体多样，可以是学校机构、教师、社团组织、大学图书馆等。④ 阅读推广内容包括经典著作、各类学科知识、文化传统等。⑤ 阅读推广的形式可以是课程式、活动式、介入式等。需要特别说明的是：本书除"图书馆通识教育阅读推广"一讲中特别指明阅读推广的主体为图书馆外，其他讲均指学校为阅读推广主体，主要指学校的通识教育管理机构。

三、面向通识教育的阅读推广分类

根据通识教育的实践划分，通识教育一般有三种。① 课程式通识教育，这是通识教育实施的主要方式。课程式，顾名思义，是学院式的、正式的教学。从教学内容上看，它源于教材；从教学地点来看，以教室教学为主；教学形式比较规范。② 书院式的通识教育。这是一种较为特殊的通识教育类型，主要借鉴了传统的书院的办学思想精髓和当代欧美住宿学院制度的育人理念，基于"专业学院制"加"生活书院制"的构建模式，以学生宿舍社区为管理空间和平台成立书

① 张怀涛.阅读推广的概念与实施［J］.河南图书馆学刊，2015（1）：2–5.
② 王波.阅读推广、图书馆阅读推广的定义——兼论如何认识和学习图书馆时尚阅读推广案例［J］.图书馆论坛，2015（10）：1–7.
③ 范并思.阅读推广与图书馆学：基础理论问题分析［J］.中国图书馆学报，2014，40（5）：4–13.

院，通过书院通识教育课程和非形式教育，实现专业互补、个性拓展的全方位育人[①]。③第三课堂式的通识教育。这是相对于课堂教学而言的，指在课程式通识教育外的时间进行的，但与课程通识教育相关的教学活动。从教学内容上看，它源于教材又不限于教材；从形式上看，它生动活泼、丰富多彩；学习空间范围广大，可以在教室，也可以在操场，也可以在学校、社会其他空间。主要包括：通识教育的论坛、讨论、讲座、实践教学和社团活动等。

面向通识教育的阅读推广具有很强的指向性，通识教育有不同的类型和路径，不同的阅读推广主体据此采取不同的阅读推广方式、方法和路径。根据通识教育的类型，我们将阅读推广的模式分为三种：课程式阅读推广模式、书院式阅读推广模式、第三课堂式阅读推广模式。前两者可从字面理解，通过课程、书院的方式来进行阅读推广。课程式阅读推广模式、书院式阅读推广模式也是本讲将具体阐述的内容。第三课堂阅读推广模式需要进行涵义上的解释。第三课堂是相对于传统的第一课堂、第二课堂而言的。第一课堂一般指有固定的教学时间和教学场所，有规定的教材和教学大纲，受教对象相对固定的教学活动。在本书就是指课程式教学。第二课堂是第一课堂的延伸，一般指在第一课堂教学时间外，为补充第一课堂实践不足而制定的社会实践、仿真实习等教学方法。第三课堂，其含义是：基本教学活动、社会实践之外学生所有的课余活动。第三课堂式阅读推广模式中阅读推广的主体是社团组织、协会或图书馆等教学辅助机构，阅读推广方式包括论坛、讨论、实践教学和社团活动等。图书馆是第三课堂式阅读推广中的主力和核心主体，且图书馆通常会与社团、协会等学校各类组织密切合作，采用一致或相似的阅读推广方式。因此，本书将"图书馆通识教育阅读推广"作为第三课堂式阅读推广模式的典型代表，另辟第四讲阐述，在此不再赘述。

---

① 张建斌.卓越人才培养中实施书院制教育模式的思考［J］.江苏理工学院学报，2018，24（4）：109–114.

第二节 课程式通识教育阅读推广模式

一、课程式通识教育

通识教育课程是指为了实现通识教育的目的，根据学校自身的师资力量和硬件设施而设计的，包括宏观层面的学校的整体课程，也包括某一专业开设的课程。以学校层面开设的正式课程为主的通识教育，本书称之为课程式通识教育。通识教育的课程体系是学校层面为实施通识教育而进行的所有课程内容及其进程的总和，包括通识教育课程目标、课程结构、课程内容和课程实施组成的系统[①]。

通识教育的课程设置在不同的国家有不同的结构、内容、模式和实践。鉴于美国的通识教育课程类型多样，课程体系最为完整和成熟，因此本书选择美国作为欧美国家的代表，与中国的通识教育进行比较分析。

（一）美国课程式通识教育

从高校类型看，美国的高校可以分为综合性大学（National University）、文理学院（Liberal Arts College）、社区学院（Community College）。不同类型大学的通识教育具有不同的特征：① 综合性研究型大学通识教育。代表性大学有哈佛大学、芝加哥大学等。其优势是课程门数众多，覆盖面广，学生选择余地大，但是教师重科研、轻教学，重专业课、轻通识课。② 文理学院通识教育。代表性学院有波士顿卫斯理学院。文理学院秉承通识教育理念，在美国高层次研究型人才培养上发挥了重要作用。通识教育的优点是坚持以本科教育为主的小规模办学，教师基本没有"重科研、轻教学"的倾向，缺点是开设课程较少，卫斯理学院为此允许和鼓励学生到麻省理工学院等周边高校互选课程，以弥补这一不足。③ 社区学院通识教育。代表性学院是加州圣莫妮卡学院。社区学院的主要功能是转学教育，如圣莫妮卡学院学生转学到加州大学洛杉矶分校、加州大学伯克利分校等四年制高校的学生比例在全美名列前茅。由于学费低廉，从而给予许多来自社会中下层家庭学生第二次机会，促进了社会流动和教育公平[②]。

① 王莎莎.我国高等体育院校本科通识教育课程体系研究［D］.上海：上海体育学院，2018：10.
② 王晓阳.美国大学通识教育模式、挑战及对策［J］.国内高等教育教学研究动态，2016（3）：12–12.

43

美国高等教育课程主要包括三大类：主修课、自由选修课和通识课。不同的课程教学目的不同，主修课致力于专业的培养；通识教育的目的则是培养合格的人和公民。通识教育课程大致分为两部分：一是以读、写、交流等能力的培养为目标的写作、交流、语言与体育四类课程；二是为满足学生个性发展而设置的人文、艺术、社会科学与自然科学领域的课程。如果按类型分，通识教育课程大致可分为核心课程（Core Model）、分布式必修课程（Distribution Model）、自由选修课程、经典名著课程四种形态 ①，其中核心课程、分布式课程最为通行。下面就四种课程类型进行逐一分析。

1. 核心课程型

"核心"课程，是指一种综合性的、跨学科的系列课程，以向所有学生提供共同知识背景为目的的课程设置。核心课程涵盖了学生所必需的基本知识和学术领域，无关学生专业。

"核心"这一概念起源于 20 世纪初，用以反对自由选课模式。19 世纪以前，大学课程主要是以"共同课程"模式出现，所有学生都上相同的课程和科目。1971 年，博克担任哈佛大学校长后，提出课程改革计划，并于 1978 年提出了在专业课和选修课之外建立一个"核心课程"体系。核心课程最初被分为五大类：外国文化、文学艺术、历史、社会分析和道德观、科学等。按规定，本科生在校期间必须修读 32 门课程，其中 16 门为专业课，8 门为选修课，8 门为"核心课程"。8 门核心课程必须在所提供的五大类 9 个领域中的 8 个领域各选一门课。

核心课程是一种综合性的、跨学科的系列课程，旨在建立心智习惯，批判、分析与写作技能，使学生成为现代社会有教养的、见多识广的成员。核心课程曾被认为是迄今为止在理念上最完美体现通识教育精神的一种实施方式，但其实施有一定的条件限制和要求，如，由于核心课程是跨学科课程，教材覆盖面广，对这类课程的教师要求很高，成本较高；核心课程适合知识背景同质性高、智力水准较高的学生。因此，核心课程并不适合所有的学校，在学术的需要和教师要求教专业课的压力下，大部分学校都改用了分布必修课程形式，即使是核心课程的

---

① 常甜，马早明.美国大学通识教育课程实践模式及哲学基础探析［J］.清华大学教育研究，2014，35（6）：85–91+190.

创始者哈佛大学也对核心课程进行了改革。现在，只有为数不多的几所大学，如波士顿大学、芝加哥大学、哥伦比亚大学还维持核心课程。

哥伦比亚大学是实行核心课程的典型代表，也是目前美国实施最为严格的大学之一。本科生进校后，可以选择专业，但不论什么专业，前两年均以学习核心课程为主，尽管在选课上可以略有偏重，但实际上是不分专业的。

1919 年，哥伦比亚学院的教师们就开设了"当代文明"（Contemporary Civilization, CC）课程，该课程的基本组织形式是，将学生分成若干小班（最多不超过 20 人），每周阅读 1 本书，然后与教师讨论几个小时。后来，学院又制定了包括文学、音乐、艺术等方面的人文必修课要求。以"当代文明"课程为例，目前规定每个小班（Section）不超过 22 名学生，因此共有 59 位不同职称的教师开设这门课程。学校建议学生在大二这一年学习这门课程。这门课程从 1919 年延续到现在已经近百年，堪称"美国高等教育史上的奇迹"，对其他高校通识课程设置产生了很大的影响。

哥伦比亚大学到20世纪60年代就基本上完成了"核心课程"的主要体系建设，并逐渐形成了今天以"当代文明"（Contemporary Civilization）、"人文"（Literature Humanities）、"大学读写"（University Writing）、"艺术"（Art Humanities）、"音乐"（Music Humanities）、"科学前沿"（Frontiers of Science）为主体框架的核心课程体系[①]。哥伦比亚大学的核心课程是必修课形式的，包括"当代文明""文学人文""美术人文""音乐人文""主要文化""外语课程""大学写作""自然科学的前沿""自然科学""体育课程"共计 10 门课程。其中，除"外语课程""主要文化""体育课程"和"自然科学"有一定的选课自由外，其余课程都是内容基本相同的必修课。这就保证了哥伦比亚式的教育是全面和严格的。目前，学生获得本科学位，需完成 124 学分。其中包括主修或集中的专业课程要求（主修学分要求因专业而异，如物理学专业要求 41 学分，哲学要求 30 学分），以及如下核心课程要求：文学人文（2 学期共 8 学分）、当代文明（2 学期共 8 学分）、艺术人文（1 学期共 3 学分）、音乐人文（1 学期共 3 学分）、大学写作（1 学期共 3 学

---

① 乔戈，高建民.美国通识教育"核心课程"体系改革的理念及思考——以哥伦比亚大学和哈佛大学的教育方案为例［J］.南阳师范学院学报，2012，11（10）：108–111.

分）、外语（4 学期）、科学前沿（1 学期共 4 学分）、科学核心课（2 学期共 6 学分）、全球化核心课（2 学期共 6 学分）、体育（2 学期共 2 学分）。

哥伦比亚大学核心课程是哥伦比亚式教育的奠基石。核心课程的目标是为所有专业的学生提供对文学、哲学、历史、音乐、美术和自然科学领域重大思想和成就的广泛视角[①]。哥伦比亚大学核心课程具有学术挑战性，围绕关于人类的最高深难懂的话题展开讨论。个人意味着什么？什么叫作成为组织 / 团体的一部分？人类历史经验是如何传递的？音乐和艺术如何传递含义？什么是有意义的？人类应该在何种制度下生活？核心课程所培养的这种批判性、创造性的思维能力能够使学生对于生活、生命的意义有更深入的了解，从而受益终身[②]。

2. 分布必修课程型

分布必修课程，又称指定选修课程，是指明确、具体地规定了学生在课程学习的过程中需要学习的学科范围，包括在学科范围内至少应学习的课程数。分布必修课程是针对自由"选修制"（Elective）导致的课程支离破碎和学生所学知识过分专业化而提出的。大学已有的不同的院系专业和课程都是按专业划分的，而分布必修即是将大学中所有的学科都看作是通识教育同等重要的部分，通通划归在"分布必修"课中。分布必修课程的优点是：目标比较明确，内容多元，形式多样。在美国，85% 的大学通识教育课程采用此类型。耶鲁大学、康奈尔大学、斯坦福大学、杜克大学等是实施此课程类型的典型大学。

在高校课程发展的早期，共同课程或共同科目是单一模式。从 19 世纪中后期开始，以哈佛大学校长艾略特为代表的力量大力推行选修制，直接推动了"学分制"的建立。1909 年，哈佛校长劳威尔对选修制进行了改革，推出了分布式选修课程，即将课程分为主攻 / 专业课程和可以在自然科学、社会科学和人文科学三个领域中选课的基础课。哈佛大学通识教育委员会 1945 年提交哈佛红皮书的报告，认为大学教育要培养完人。该报告建议，在大学毕业最低限的 16 门课程当中，6 门专业必修课，4 门分布必修课，剩余 6 门为在人文学科、自然科学、

---

① 曲铭峰.关于建立我国研究型大学通识教育核心课程的若干思考——美国哈佛大学和哥伦比亚大学成功经验之启示［J］.中国大学教学，2005（7）：19–23.

② 陈小红.通识教育课程模式的探讨［J］.复旦教育论坛，2010，18（5）：40–44.

社会科学三大类知识领域中选择修习的通识教育课程，通识教育课程各不能少于1门。目前，哈佛每年度共开设通识课程185门，分布在审美与诠释的理解（共34门）、文化与信仰（共38门）、实证与数学推理（共9门）、伦理推理（共20门）、生命系统的科学（共12门）、物理宇宙的科学（共17门）、世界中的诸社会（共34门）以及世界中的美国（共21门）等八大模块之中。

斯坦福大学始终将通识教育作为本科教育的重要组成部分，为学生提供高质量的、个性化的通识教育，以"完全激发学生潜在的学术兴趣，培养学生获得学业成功必不可少的心灵装备"[①]。2013年秋季学期，斯坦福大学实施新通识教育方案，包括思维与行为方法（Ways of Thinking/ Ways of Doing Requirement）、有效思考（Thinking Matters Requirement）、写作与修辞（Writing and Rhetoric Requirement，WRP）、语言（Language Requirement）四类必修课，重在培养学生深度阅读、熟练写作、有效交流与批判思维的能力，使学生能够建立不同学科领域之间的联系，并指导学生将来理智地工作与生活。

"思维与行为方法必修课"，包括审美与诠释、社会调查、科学方法与分析、形式推理、应用性量化推理、参与多样性、道德推理、创造性表达8个模块。入学的本科生，必须完成新的思维与行为方法必修课8个模块的11门课程，共32学分。这8类方法课程跨越了广泛的学科领域，增强了本科生在专业领域内的学习深度。

"有效思考必修课"包括自我塑造教育（Education as Self-Fashioning，ESF）、寄宿制课程（Residential Programs）、每学期的方法类课程。结构化的博雅教育没有开设具体课程，但每学期学生的学习量相当于2门课程，共24学分，需在第一学年完成；艺术熏陶与文化生活、在多元学习环境中体验科学发展各开设3门课程，分别在第一学年的秋、冬与春季学期开课，均为16学分。同时，一些思维与行为方法课程也可以满足有效思考课程的学分要求，学生只需在每学期的方法类课程中额外选修1门课程，每门4学分，共12学分。

"写作与修辞必修课"包括写作1（Program in Writing and Rhetoric I）、写作2

---

① Why Thinking Matters? [EB/OL]. [2019-06-23].https://undergrad.stanford.edu/programs/thinking-matters/explore/why-thinking-matters.

（Program in Writing and Rhetoric II）、专业写作（Writing in the Major）三个层次的课程，要求所有本科生必须完成。其中，写作1、写作2由通识教育承担，专业写作由院系负责。

"语言必修课"，新入学的本科生都必须完成1学年的外语课程。学生可以通过4种途径完成通识教育语言必修课：① 在斯坦福大学修完1学年的语言课程，共4~5学分；或在有资质的中学后教育机构修完语言课程，并符合斯坦福大学学分转移的要求；② 在语言选修课程测试中，获得4学分或5学分，但必须是英语以外的其他语种；③ 在入学前，通过学术能力评估测试（Scholastic Assessment Test，SAT）的语言测试，达到规定的成绩要求，同样要求是英语以外的其他语种，如汉语、法语、德语、日语、拉丁语等；④ 通过斯坦福大学的特种语言诊断性测试。

斯坦福大学通识教育实施分布必修课的模式，要求学生在不同领域分散性地选修一些课程。斯坦福大学的通识教育课程体系，实现了从学科到能力的转变；注重培养学生的思维能力，不仅体现在通识教育目标上，而且还贯穿于通识教育的课程设计、课程教学之中[①]。

3. 自由选修型

自由选修型，是指学校不规定具体的通识教育计划，要求学生可以根据自己的兴趣和自己的爱好选择要学习的课程内容。本类型的典型代表大学是布朗大学[②]。自由选修制最初在哈佛大学得到萌芽和发展，艾略特担任哈佛大学校长时全面推行自由选修制度，他注重知识的广博性，宣布哈佛的教育内容将覆盖全人类的知识，自由选修给予了学生选课的自由，使自然科学与实用科学在大学课程中占有与古典课程同等的地位，但是也带来了一些弊端，如选课的功利性和知识的破碎不系统等问题。因此坚持自由选修的通识课程的学校不多，其中做得最好的当属布朗大学。

布朗大学创办于1764年，位于罗德岛州，是美国常青藤大学之一。校园环境清幽，建筑别致，文化底蕴深厚。该校坚持本科教育特色，注重通识教育，保

---

① 刘学东，汪霞.斯坦福大学通识教育课程新思维［J］.比较教育研究，2015（1）：42-46.
② 王莎莎.我国高等体育院校本科通识教育课程体系研究［D］.上海：上海体育学院，2018：5.

持与其他盟校的切磋交流，推行课程完全选修办法，在全美独树一帜。

作为私立名牌大学，布朗大学不求大，只求精；不求全面，只求特色。布朗大学研究生教育不是重点，其中博士点只有医学一个，但是本科教育享有盛誉，有"大学学院"（University College）的美称。布朗大学推出学术振兴计划，努力保持布朗的特色和本科教育方面的领先地位。

在本科阶段，布朗大学高扬通识教育旗帜，努力培养品德高尚、素质全面、身体健康的人。该校提倡接触各种文化领域的营养，用一种适应时代的文化内容来充实自己，扩大自己的知识范围，使心灵的内涵不断加宽加深，使生活的意义及价值变得丰富多彩起来，从而在自身所受的专业教育中保持自由，在精神上不致变成为被专业所束缚的奴隶。

布朗大学的学生可自主选修所有课程，这在全美正规大学中是绝无仅有的。这一制度从建校之初沿袭至今。布朗大学有 40 个学术学院，提供着 90 个不同的专业方向（Concentration），以及 2000 多门课程以供学生选择。据本科生院阿姆斯壮（Paul B . Armstrong）院长介绍："布朗大学让学生自主选课，旨在培养他们在不断变化的世界中，尽快获得自己作出判断和决定的能力。"布朗大学的学生没有固定的所谓"专业（Major）"，而是选择一个集中的"专业方向"。学生入学后，学校对之无课程方面的硬性要求，只是公布课程目录、简介，讲明选课办法。学校给学生两周的试听"认购期"（Shopping Period）。试听后，学生应确定本学期修习的课程。在自由选修的过程中，学生会逐步形成或明晰自己的兴趣，并于第二学年末，从学校提供的 90 多个专业方向中，确立自己的专业方向。若专业方向确定，学生需要学习、掌握相关课程，一般有 8~18 门必修课。为奠定学生宽广的知识基础，布朗只授予本科毕业生文科学士或理科学士学位。若学生愿意学习 5 年，达到相应要求，可拿文、理两个学士学位。

导师予以指导。布朗大学的师生比大致为 1:8。教师不仅注意传授知识，更重视教会学生如何学习。学校推行导师制，现有 200 名责任心强、经验丰富的教师受聘为本科生"导师"或"顾问"。导师希望做学生的良师益友，为学生排忧解难，教书育人。在指导本科生选课时，导师注意因材施教，因势利导，有针对性地提出指导意见。例如，导师会问："你的兴趣何在？""如何看待科学课程？""怎样认识人文课程？"或建议："你既然对工程感兴趣，就选点音乐、美术课吧。"导师通常让学生知道，通识教育包含广阔的课程领域，布朗大学虽未设立核心课程，现代大学生也应予了解，包括西方思想史、科学传统、美国文化、外国语言文化、文学和创造艺术、保健和生命科学、数学、语言学和哲学的应用，价值观和社会责任[①]。

提倡本科生科研。布朗大学提倡"以学生为本的科研"（Student-centered Research）。每个学生依据个人兴趣，提出研究计划，并通过动手试验、查阅资料、实地考察或反复讨论等环节，完成既定计划。在科研过程中，导师耐心指导，同学密切协作，学生的团队精神、创新意识和动手能力得到培养和锻炼。

4. 经典名著课程型

经典名著课程型是指学校要求学生在大学四年的学习过程中，每周需要阅读一本经典著作，阅读完名著之后师生之间需要面对面进行几周时间的讨论。圣约翰学院是该类型的代表院校。经典名著课程设置是对 20 世纪 30 年代芝加哥大学校长赫钦斯的"经典名著阅读运动"的坚持。赫钦斯坚持永恒主义的思想，认为"古典名著中涉及的许多问题及其答案直到今天仍对现实社会具有极大的指导意义，而且古典著作本身就是知识和思想的广泛的综合，系统地学习古典著作，可以促进知识的统一"。赫钦斯的名著阅读课程改革，奠定了美国名著阅读课程的传统，但是随着时代的发展，大部分学校都实施分布式必修课程和核心课程，只有圣约翰学院这样少数学院坚持采用经典名著课程教学。

圣约翰学院创办于 1696 年，是美国一所历史悠久的四年制文理学院，以名著课程闻名世界，是永恒主义教育思想著名、彻底和持久的实践者。1937 年，圣约翰学院迎来具有革命性教育思想的巴尔校长和布坎南教务长，随即推出名著课程，很快引起强烈反响，"二战"后成为美国高等教育界一面独特的旗帜[②]。

圣约翰学院秉承自由教育传统，创办伊始就以"通过自由教育解放学生、让学生自由"为教育目标。圣约翰学院从不向功利性教育妥协，强调教给学生生活技能，而不是工作技能。圣约翰学院推崇以古典学科为中心的课程观，非常重视

---

① 王定华.美国布朗大学的教学特色［J］.中国大学教学，2003（2）：26–28.
② 张家勇，朱玉华.美国圣约翰学院通识教育实践模式［J］.大学（研究版），2011（7）：84–89.

挖掘名著的教育价值。该校认为名著能够转变思想、震撼心灵、触动灵魂深处，自由主要通过同名著的对话获得。名著是人类知性传统的源泉，不仅启发人们理解长期困扰人类生存的问题，而且与当代社会问题有很大相关性，因此其价值既是永恒的，也是合乎时宜的。

圣约翰学院把自古希腊至今的名著作为教学核心，目标是构建自由教育共同体，开设的课程如下：四年语言课（希腊语和法语）、四年数学课、四年交叉学科研究、三年实验课（生物、物理和化学）、一年音乐课、两个为期八周的训诫课、每周一次全校讲演。所有课程内容都是由历经考验的名著组成，不涵盖尚在不断拓展和完善的现代科学和当代作品。阅读清单是圣约翰学院名著课程的核心，1937 年以来阅读清单不断得到修订和改进，但每年变化都不是很大。学生要在整个大学中按编年史顺序研读西方名著，前两年的课程以两千年思想文化史为背景，后两年课程则以近三百年历史为背景。大一学生学习希腊作家的作品，以及他们对人文科学的开创性阐释著作，共计 47 本；第二年学习的名著覆盖罗马、中世纪和文艺复兴时期的作品，共计 24 本；第三年的名著集中在 16—18 世纪名著，共计 27 种，绝大多数用现代语言写成；第四年学生主要阅读 19—20 世纪的名著，共计 24 种 [1]。名著课程的教学形式包括研讨课（Seminar）、导师指导课（Tutorial）、实验课（Laboratory）和训诫课（Preceptorial）。

名著课程的特色是所有课程都必修，所有课程都要求学生阅读、研究或讨论反映西方传统的名著，所有学生四年内都要学习同样的 16 门学年课程，所有毕业生都被授予文学学士学位。名著课程强调学科间的相互关联性，没有院系、专业和学系之分。圣约翰学院几乎没有教授讲演，也没有教科书。圣约翰学院所有教师都被称为"导师"，教师没有职称评审和发表论文的要求，教师的职责是激励学生。课堂上，师生聚集在一起共同探讨正在阅读的名著和彼此提出的基础性问题，从各自不同的观点中学习，发现彼此共同的深层次人性。圣约翰学院的教学工作对教师要求很高，教师要具有语言学家的敏锐、数学家的周密和哲学家的深刻，要有乐意接触新材料的智力胆识、乐于承认无知的坦诚态度和不加掩饰的率直品格。圣约翰学院的教师永远是非专业人员，这种非权威性教学对于学生反

---

① 黄坤锦.美国大学的通识教育：美国心灵的攀登［M］.北京：北京大学出版社，2006.

而是有益的。教师自己也经常感到困惑，困惑让教师成长为更好的教师，对学生的困难更富有同情心、更有新鲜感、更有敏感性。社区氛围和小班教学是圣约翰学院名著课程的必要条件。圣约翰学院没有学生社团"兄弟会"的晚会，也没有学校代表队的体育比赛，但是学生可以在校园里同任何人探讨任何问题，是真正的学习社区。圣约翰学院招生不论性别、宗派、性取向、财富等背景，师生多样化的背景和经验丰富了学习氛围。圣约翰学院刻意控制学校规模以保证小班教学。研讨课通常由 2 名导师同时为 17~20 名学生做主持，导师指导课和实验课是 1 名导师负责 12~16 名学生，训诫课则是 1 名导师指导 10 名左右学生。每年两个校区的招生人数都控制在 450~475 名以内，师生比为 1∶8，师生之间很熟悉。

圣约翰学院的教育充满着对话，表达和倾听是学生花很多时间认真从事的学习活动，很多时候学习不是由一个人完成，而是由十几个人构成的有机整体共同进行。课堂上师生首要的活动是同伟大的先人们对话，教师要充分地调动每位参与者的积极性，在很大程度上可以说是学生自己决定着教育质量。四年自主学习以后，学生知道自己喜欢什么，擅长什么，有能力找准自己的位置，知道如何开展自己的研究[①]。

不同通识教育课程类型各有优缺点，表现出不同特色。从比较自由的布朗大学（自由选修），到不那么自由的哥伦比亚大学、芝加哥大学（核心课程），到比较折中的哈佛大学（分布课程），各有千秋，但也各有利弊。自由度太大（分布选修模式），可能会使学生获得的知识碎片化；统一度太大（核心课程模式），则又限制了学生选择的自由度，学生视野受到限制。而经典名著模式也许可以使得共同智力经验最大化，但危险是经典主题具有排他性，其效果取决于相关师生对这些主题的接受度。

（二）中国课程式通识教育

我国通识教育起步较晚，在借鉴欧美大学通识教育模式的基础上，也建立了自己的通识教育课程体系，其中课程设置以通选课、学分制两种类型为主，两者的代表学校分别为北京大学和武汉大学。

---

① 张家勇，朱玉华.美国圣约翰学院通识教育实践模式［J］.大学（研究版），2011（7）：84–89.

1. 通选课类型

通选课，就是指在全校范围内推行通识教育选修课。这种课程类型类似于美国大学的分布式必修课程。

北京大学是大陆高校中较早进行通识教育的高校，从 2000 年开始就推行了通识教育选修课。北京大学通识教育的理念是培养"引领未来的人"，通识教育的目标是让学生更具独立精神和创新精神，能够主动开拓进取；能够学习和借鉴世界文明的优良传统，担负起重建社会价值观、引领社会风尚的责任。全校性通选课分为数学与自然科学、社会科学、哲学与心理学、历史学、语言学和文学与艺术和社会可持续发展等六个领域。北大要求本科生毕业时应修满至少 12 学分，每个领域至少要选修 2 学分。通识教育学分占毕业课程的比重约为 9%[1]。北大通过在最基本的知识领域为学生提供多学科交叉综合的精品课程，来引导学生广泛涉猎不同学科领域，拓宽知识面，学习不同学科的思想和方法[2]。

很多高校都以开设全校性通识教育选修课的方式开展通识教育，如清华大学、华中科技大学、北京师范大学、华东师范大学、上海交通大学等。华东师范大学规定，本科生必须在 232 门选修课中修完 71 个学分。上海交大规定，2009年 9 月后入学的本科新生，毕业时应修满至少 21 学分的通识教育核心课程。一些地方院校，如广东工业大学规定，所有全日制本科生毕业前必须修满 14 个学分，否则不授予学士学位[3]。

2. 核心课程类型

我国通识教育核心课程与美国哥伦比亚大学、芝加哥大学的核心课程相类似，其代表院校是武汉大学。2003 年，武汉大学把原有的公共基础课改为"通识教育课"，是全国通识教育改革的先行者，开创了"武大通识 1.0"。2013 年，在总结 10 年经验的基础上，以模块化方式把通识课程分为七个板块形成体系，武大称之为"武大通识 2.0"。2016 年，武汉大学借鉴世界一流大学人才培养理念，调研海内外通识教育现状，提出《武汉大学通识教育研究报告》，对通识教育实

---

① 黄素芳.试析中国大陆高校通识教育的模式［J］.社会工作与管理，2011，11（1）：15–18.

② 陈向明.大学通识教育模式的探索：以北京大学元培计划为例［M］.北京：教育科学出版社，2008：19.

③ 黄素芳.试析中国大陆高校通识教育的模式［J］.社会工作与管理，2011，11（1）：15–18.

图 2-1 《人文社科经典导引》

施顶层设计和系列改革，是为"武大通识3.0"。

武大通识教育的理念是：博雅弘毅、文明以止、成人成才、四通六识。在管理体制方面，武大相继成立了通识教育委员会及工作组、通识教育中心，在通识教育领域建设"以'成人'教育统领'成才'教育"的本科教学文化。在课程建设方面，学校对课程进行全方位调整和重构，提出"4–2–660"课程模式，即：4 大模块（中华文化与世界文明、科学精神与生命关怀、社会科学与现代社会、艺术体验与审美鉴赏）、2 门基础通识课（《人文科学经典导引》《自然科学经典导引》）、60 门核心通识课和 600 门一般通识课。在课堂教学方面，开展"大班授课、小班研讨"试点工作，试行小班大班、课内课外和线下线上的全方位推进。在激励机制方面，专门增设"351 人才计划"核心通识课程教学岗位、优秀教学业绩奖通识课程专类等，为致力于通识教育的教师提供晋升通道和经济支持，提高教师从事通识教育的积极性①。

图 2-2 《自然科学经典导引》

武汉大学基础通识课程《人文科学经典导引》和《自然科学经典导引》(以下简称"两大《导引》")，每门 2 学分，共 4 学分，必修，专为大一学生开设。旨在对大一学生进行"启蒙"性质的通识教育，打开学生视野，激发学生兴趣，培养学生博雅品位，养成学生君子人格，并为后面三年的核心及一般通识课程的学习打下良好基础。"两大《导引》"各自精选本领域具有代表性的 12 部经典，每周（3 学时）导读一部经典，12 周（36 学时）共导读 12 部经典。每周 3 学时的课程，其中 2 学时大班导读，1 学时小班研讨。导读部分除概要性地介绍该经典的文化及学术背景之外，重点导读其

---

① "武大通识 3.0"开启本科教育新历程［EB/OL］.［2019–06–23］.https：//news.whu.edu.cn/info/1002/49628.htm.

中最为精彩、最有影响的章节；研讨部分主要辩论由该经典所引发出来的相关理论及实践问题，小班研讨由在读博士生担任助教。"两大《导引》"各自成立教学团队，每个团队由 24 名教师组成，团队成员的遴选方式为：教师申请、院系推荐、学校考核。团队成员在首席专家带领下编撰教材，编写教学大纲并制作课程PPT。武汉大学力争将"两大《导引》"打造成武汉大学通识教育的标志性品牌，使得武汉大学全体本科生真正拥有自己的"共同核心课程"和融通中外古今的"本科教学文化"。

二、课程式阅读推广模式分析

（一）课程式阅读推广理论分析

针对课程式通识教育，我们不禁会问：通识教育课程与阅读推广的关系是什么？面向课程式通识教育，阅读推广的主体、对象和价值是什么？阅读推广的内容是什么？阅读推广的方法和路径是什么？以上问题我们将逐一解答。

首先，通识教育课程与阅读推广的关系。通识教育课程是由学校教学组织机构组织，经由教师设计的，目的是培养知识通达、有思辨能力、有社会责任感的人。阅读推广是指把阅读这一富含动态特征的思维活动作为一个作用目标，然后通过某种特定渠道或者方法，改变阅读的作用区域及其影响范围，使它的受众更容易、更简单地接受它、参与它的一种文化传播活动。虽然通识教育与阅读推广的目的不同，但是通识教育的目的显然高于阅读推广，甚至包含了阅读推广的目的。除了目的不同之外，在实际活动中，课程和阅读推广活动高度吻合，课程式通识教育就是通过课程渠道，将学科领域内的图书和知识介绍、推广给学生，改变学生的阅读，让学生更容易、更简单地接受知识。从活动过程和活动结果来看，阅读推广的结果可以在通识教育的实施中实现，因此本书认为，课程式通识教育本身就是一种以课程为载体的阅读推广模式。

面向课程式通识教育，阅读推广的主体是学校的教学组织机构和教师。在学校层面，学校的教学组织机构需要进行课程的总体规划与论证，统筹设计通识教育的课程体系，学校需要根据通识教育的目标来进行部门的划分、权力分配、责任划分、安排机构的层次结构，完成学术方面的组织及行政性的组织。教师是阅读推广的重要主体，通识教育课程的目标、内容、开展方式和实施过程都是由教师设计的。在课堂上，教师运用合理的教学方法对通识教育内容进行讲授和指导，其中重要的内容就是学科领域内的图书推荐。教师引导和启发学生吸收、领会图书特别是经典书籍。此外，教师可在课堂之外对学生阅读进行引导，对专业进行解读，使学生树立自信心，在自己感兴趣的领域里进行学习钻研。

面向课程式通识教育，阅读推广的对象毋庸置疑是学生。从阅读推广的角度来看，学生和教师之间的关系表现为交互性，学生对阅读内容具有选择权，可以依据自己的兴趣和需求对教师所讲授或推荐的课程知识，包括图书推荐等内容进行选择，凸显自己的主体性。

面向课程式通识教育，阅读推广的内容是以学科领域内的课程知识为主。其表现形式可以是图书推荐或经典推荐、教材、课堂 PPT 等。

（二）课程式阅读推广策略和路径

阅读推广如何与各种类型的通识教育课程相结合，让学生的阅读涉猎更多的学科领域，促使学生阅读更多的经典，达成更佳的阅读效果？这就有必要在通识教育上采用科学、适宜的策略和路径，以达到推动阅读的目的。

1. 构建合理的课程体系

课程式阅读推广与推广目的明确的图书馆阅读推广、国家全民阅读推广相比较，其目的、方式具有更强的隐蔽性。图书馆可为读者提供图书资源、图书馆空间、图书馆知识服务，采用活动、论坛、讲座等形式来进行阅读推广，而课程式阅读推广则是为读者（学生）提供学科领域知识，锻炼学生的能力，培养学生健全的人格，使学生成为合格的现代社会"公民"，主要的推广方式是课程。这就需要围绕通识教育的目的，构建合理的课程体系。课程体系建设是高校践行通识教育最直观、最核心的层面，课程教育是学生接受通识教育并获得收获的重要途径，也是阅读推广的主要途径。

我国大学通识课程的设置缺乏总体规划与论证，对通识课程重视不够；种类设置不合理，内容过于专业化，功利色彩明显；通识教育开课随意性大，缺乏学科内在联系；部分课程太浅显，言之无物；有些高校实行了"大通识"课程的概念，即思政课和公共课也纳入通识教育课程体系，特别是公共选修课中概论型、常识型、实用型、技能型、休闲型的课程居多，综合、贯通、跨学科课程偏少，课程深度有待拓展。这些都是通识课程体系建设中存在的问题。

我国高校应借鉴国内外高校课程设置经验，打造通识教育核心课程建设、经典选读、研讨课和研究型课程等课程体系，同时注意与专业教育的有效结合，帮助学生拓展视野、丰富知识、启发心智、发展完整人格等。

（1）建设分布式通识课程。很多高校对通识教育课程比例的合理性缺乏深入的探讨，具体表现在通识教育课程的主要组成部分为外语、计算机、体育、马列课程和德育课程。这类课程所占的比重很大，占通识教育总学分的 70% 以上。通识课程应脱离政治、外语等公共选修课的窠臼，设置具有真正意义的通识课程体系。课程应兼顾人类三大知识领域，注重知识的连贯性、知识结构的完整性、学科与专业的关联性等。

（2）推动核心课程的建设。大学的核心课程通常包括人文学科、社会科学、自然科学三大领域的课程，学生不仅要掌握或了解某个领域的知识和信息，而且还要通过对不同文化的价值、传统及体制的认识，培养学生的问题意识和思考、批判能力。核心课程内容体现学科知识的综合性、系统性与跨学科性，因此核心课程的设置比分布式选修课的设置更为困难。核心课程需要在组织机构、师资配备、教学方式上配套，才能顺利构建成功。

（3）开展经典文献阅读和讨论。这是通识教育核心课程的主要内容，也是课程式阅读推广的重要手段。通识教育中人文学科领域课程所占比重较大，这在美国大学通识教育的"经史传统"中体现得尤为明显。通识教育课程十分注重经典文献的解读，着眼于经典文献中所蕴藏的永恒价值在当代社会中的引领作用。在"谈经论道""讲经诵典"的过程中，做到"古为今用"与发展创新[1]。

2.设立通识教育管理机构组织，建立健全保障机制

我国高校为确保通识教育在全校范围内开展，纷纷设立专门的通识教育管理机构，负责总体通识教育核心课程体系的建设，并赋予其一定的权责和地位来推动通识教育的实施。主要如下：在学校层面设立委员会，从顶层设计开始，统筹全校的通识教育核心课程建设规划工作，在各院系也应当根据自身特色设置通识

---

① 王会花. 国内外高校通识教育核心课程实施取向探析［J］. 世界教育信息，2016（13）：25–28.

教育指导机构，隶属于院系教学指导委员会，着力于建设学院内部的通识类课程；通识教育管理机构严把通识教育课程的申报、审批、检查评估与验收关；完善相应的教学管理制度，强化对课程、教学和阅读方式以及教学时间等的设计；由通识教育管理机构对通识教育核心课程实施的过程和结果进行定期评价，对通识教育的效果和学生满意度等进行全面的考察，发现和改进课程中存在的问题，以实现通识教育的目标和理想[①]。

表 2-2　部分高校通识教育组织机构和机构职责[②]

学校	主要组织机构	主要职责
哈佛大学	哈佛学院；核心课程委员会及常务委员会	哈佛学院负责全校的通识教育师资队伍和教学安排。核心课程委员会负责学校层面的核心课程建设事宜，下设常务委员会，主席一般由哈佛学院院长兼任；委员会由许多以学科领域为主导的分委会组成，分别负责相关领域的核心课程建设。各个学院选拔优秀教师来授课
台湾大学	学校共同教育中心共同教育委员会	负责学校通识教育课程规划、审核、师资培训等
香港中文大学	教务会通识教育委员会，下设常务委员会、书院通识教育委员会和大学通识教育部	负责通识课程规划、审批、督导等
北京大学	教务部	负责统筹管理全校范围的通识核心课程建设申报、核准、考核等常规工作
复旦大学	通识教育委员会；复旦学院	通识教育委员会主要负责核心课程的顶层设计和规划。复旦学院（本科生院）为专门设立的机构，整合了原复旦学院、教务部门、本科招生部门等相关部门的职能；本科教育阶段全面实施住宿书院制度，所有本科生在大学期间都进行书院生活和学习

北大、复旦等高校的通识教育得以顺利地实施，与其专门的通识教育管理机构和完善的制度设置是分不开的。如元培学院的指导委员会和管理委员会，复旦学院的指导委员会和办公室等机构，都为通识教育的实施提供了有力的保障（见

---

① 李加林,徐谅慧.高校通识教育核心课程体系建设研究[J].宁波大学学报(教育科学版),2015(1):80-85.

② 王建设.国内外5所研究型重点大学通识教育对比分析及经验启示［J］.贵阳学院学报（社会科学版），2017（2）：78-83.

表 2-2）①。例如，为进一步推进通识教育核心课程的建设，2012 年 10 月 25 日，复旦大学成立复旦大学通识教育课程体系建设工作小组。小组围绕复旦大学人才培养目标和通识教育理念，调整、完善目前的通识教育核心课程结构，形成未来通识教育核心课程体系建设的总体结构；并提出该总体结构在进一步深化落实中，在理念、课程建设要求、配套政策和机制等方面的框架性意见②。

3. 重视通识教育课程师资队伍建设，培养高水平教师

通识教育课程对授课教师的要求比其他专业教育教师要高得多。它要求教师既要有比较扎实的专业知识背景，又要有宽阔的知识面，以及具备运用不同知识分析和解决问题的思维能力。美国大学通识教育师资以兼职为主，任课教师兼顾专业课程。而目前中国大学多数从事通识课程教学的教师本身是在专业化教育体制下培养出来的，知识面较窄，优秀教师多不愿教授通识课程，而许多基础课教师疲于上课，这非常不利于高水平师资队伍的建设。因此，加强通识教育授课教师队伍建设是我国提高通识教育质量的关键。在通识教育课程教师选拔过程中，应当尽量选择有较强专业素养、知识面宽广且教学经验丰富的资深教师作为任课教师；同时还应当做好通识教育课程授课教师后备力量的培养，通过学校的良好政策来鼓励和培养优秀教师，例如学校可划拨专项经费资助通识课程的建设，奖励优秀的通识课程教师，加强通识课程的师资培训工作；学校还应及时整合教师资源，适时进行系统的通识教育培训，提升教师的业务水平；还可外聘一些专家学者和社会知名人士承担通识教育的授课任务，这样既可补充高校师资的不足，还可活跃校园学术氛围、确保教育的广博性。

教师自身要重视通识教育，提高自身素质，改进教学方法。英国教育家阿什比提出："大学教育的'试金石'不是讲授伟大真理，而是用什么高明的方法来讲授伟大真理。所以，讲授什么不及如何讲授重要。"③教师不应该仅仅作为知识的权威将预先组织的知识体系灌输给学生，而是要与学生在相互尊重、信任和平等的基础上进行交流和对话，为学生提供自由、民主、开放的教育情境；课程实

---

① 黄素芳.试析中国大陆高校通识教育的模式［J］.社会工作与管理，2011，11（1）：15-18.

② 复旦学院通识教育组织机构［EB/OL］.［2019-06-23］.http://www.jwc.fudan.edu.cn/9406/list.htm.

③ 阿什比.科技发达时代的大学教育［M］.滕大春，滕大生，译.北京：人民教育出版社，1983：17.

施多采用研讨课的形式，采用启发式、探究式、任务式等教学方法；在探究知识的过程中，培养学生独立思考的精神，掌握正确的思维方法，让学生学会学习。这样，学生收获的将不仅仅是科学知识与技能本身，而是科学知识背后所蕴涵着的科学家们辛勤的劳动、坚韧的毅力、大胆的创新以及追求真理的高尚品质，这往往比知识本身更重要。如果教学科研人员本身就具备文理互通的教学能力，能够对学生加以引导，则可以实现更好的教学效果 ①。

第三节 书院制通识教育阅读推广模式

一、书院制通识教育模式

书院制通识教育，是一种较为独特的大学教育管理模式，它区别于传统"学院制"以学科专业为中心的培养机制，是以学生宿舍社区为管理空间和平台构建"书院"，通过"书院"正式课程或非课程形式教育，营造文理渗透、专业互补、个性拓展的全方位育人环境，完成通识教育任务，还包括学生品德教育与行为养成、文化教育、心理健康教育、课外实践等方面的教育任务，最终促成学生的个性培养和全面发展。书院制的特点就是以学生社区为中心，鼓励不同专业背景的学生混住，互相学习交流，旨在培养学生自我管理、自我服务和自我教育的能力，实现通识教育和专业教育相结合。由于书院制通识教育的实施是以学生兴趣或自主性为动力，所以书院制通识教育的效果往往比规范化和正常化的课程式要好 ②。目前，作为我国高等院校通识教育模式的一种新探索，书院制模式受到了诸多关注。

书院制的实施载体是"书院"，这并不是一个新名词，我国自唐宋以来"书院"林立，形成了源远流长的"尊德行""教学相长""百家争鸣"等传统书院精神。而在西方近代高等教育发展中，衍生出一种被称为"住宿学院"（Residential

---

① 姚孟春.论通识教育的必要性及实施途径［J］.学术探索，2007（2）：135–138.
② 孙姣.书院制模式下实施通识教育研究［J］.湖州师范学院学报，2014（12）：85–87.

College）的学生教育管理模式。现代大学书院起源于英国，其中最著名的有牛津大学、剑桥大学住宿学院制，欧美以耶鲁大学为首，其意在培养学生对大学的归属感，实现德育、智育和综合素质的培养。学院通过为学生提供周到的服务设施和人文关怀，使其在专业之外的能力得到全面发展与提高。正是在借鉴了中国传统书院的办学思想精髓和欧美住宿学院制度的教育方式的基础上，我国当代的书院制得以形成。我国实施书院制通识教育的有香港中文大学（1949年）、复旦大学（2005年）、西安交通大学（2006年）、肇庆学院（2009年）、中山大学（2009年）、苏州大学（2011年）等。2014年，香港中文大学、台湾清华大学、台湾政治大学、复旦大学、西安交通大学、华东师范大学及北京航空航天大学7所高校在京发起成立亚太高校书院联盟[1]。据不完全统计，2005年9月—2017年7月，内地共有47所高校成立了137家书院及校园社区模式学院[2]（见表2-3）。

表2-3 中国部分高校书院日览表

高校	书院名称	书院类型
北京大学	元培书院	双院制
清华大学	新雅书院	先书院后学院制
肇庆学院	力行书院	双院制
苏州大学	唐文治书院、敬文书院	唐文治书院为纯书院制；敬文书院为双院制
复旦大学	志德书院、腾飞书院、克卿书院、任重书院、希德书院	双院制
香港中文大学	崇基学院、新亚书院、联合书院、逸夫书院、晨兴书院、善衡书院、敬文书院、伍宜孙书院、和声书院	双院制
台湾清华大学	厚德书院、载物书院、天下书院	双院制
台湾政治大学	博雅书院、X书院	双院制

[1] 高校书院联盟［EB/OL］.［2019-06-23］.http://sylm.buaa.edu.cn/index.htm.
[2] 刘海燕.我国现代大学书院制改革的现状、问题与对策［J］.中国高教研究，2017（11）：47-52+63.

续表

高校	书院名称	书院类型
澳门大学	曹光彪书院、郑裕彤书院、张昆仑书院、蔡继有书院、霍英东珍禧书院、吕志和书院、马万祺罗柏心书院、满珍纪念书院、绍邦书院、何鸿燊东亚书院	双院制
大连理工大学	令希书院、伯川书院、长春书院、国栋书院	双院制
西南交通大学	唐臣书院	双院制
南方科技大学	致仁书院、树仁书院、致诚书院、树德书院、致新书院、树礼书院	双院制
华东师范大学	孟宪承书院、经管书院、大夏书院、光华书院	双院制
北京航空航天大学	致真书院、守锷书院、士嘉书院、冯如书院、士锷书院、知行书院	双院制；知行学院为先书院后学院制
西安交通大学	彭康书院、文治书院、宗廉书院、启德书院、仲英书院、励志书院、崇实书院、南洋书院、钱学森书院	双院制
中国海洋大学	行远书院	双院制
汕头大学	至诚书院、弘毅书院、思源书院、知行书院、淑德书院、修远书院、敬一书院、明德书院、德馨书院	双院制
中山大学	博雅学院	纯书院制
重庆大学	博雅学院	纯书院制

根据书院通识教育与专业学院教育关系的紧密程度，可以将书院制通识教育分为三种类型：第一种，双院制。书院制与学院制并行，学生有双重身份，既是书院的学生又是学院的学生，两边均有课程和活动。这种类型占书院制的比例很高。第二种，先书院教育再学院教育。学生先在书院学习1~2年，再到学院学习专业。例如，清华大学新雅书院、北京航天航空大学的知行书院。第三种，纯书院制。整个大学期间学生都在书院学习，没有特定的专业。这种类型与国外的文理学院相类似，比较典型的代表有：苏州大学的唐文治书院、中山大学和重庆大学的博雅学院。后两种类型在我国的通识教育中数量较少。

（一）双院制

所谓双院制，是指书院制与学院制相辅并行。专业学院主要负责课程教学、专业能力的培养，书院承担学生全面发展的任务，其中包含通识教育、综合能力提升、思想品德教育、心理健康教育、社会实践，及书院建设和文化建设等职责。书院设立书院主管领导，成立书院指导委员会，聘请指导教师；学院部分教师担任书院学业指导教师，定期召开学业指导会议，进行交流和沟通。书院与学院互为补充，双院制把书院的通识教育、素质教育与学院的专业培养紧密地结合起来，充分发挥了学院和书院的育人效果。

图 2-3　西安交通大学彭康书院等 9 大书院

"书院就是把学生宿舍改造成为大学生离开父母后来到的一个新的大家庭。"西安交通大学校长郑南宁曾经说过："如果说，学院是父亲，那么书院就是母亲。学院集中精力搞好专业教学和科研，书院则承担起学生全面发展的工作。"[①]这形象地描述了书院和专业学院的关系。西安交通大学是我国最早实行书院制模式的高校之一。2005 年成立了"文治苑"，大一、大二学生在"文治苑"生活学习，后两年进入学院，这为书院制建立奠定了基础。2006 年至今，西安交通大学有

---

① 人民日报.书院制，改变了什么？〔EB/OL〕.〔2019-07-30〕. http: //Culture .People .com.cn/GB/ 15671860.htm.

彭康书院、文治书院、钱学森书院等 9 个书院。西安交大以各学院学生历史形成的居住区域为基础，78 个专业的学生按"横向交融、纵向贯通"的原则，划分到 9 个书院。

1. 书院的社区环境

书院的基本物理空间由若干栋楼宇组成，书院的辅导员办公区域均集中在学生宿舍的一楼。同时，学校为各书院建设了教授房、学业导师办公室、党团活动室、艺术排练室、心理咨询室、信息室、阅览室、生活自助室、健身房等公共活动设施。各个书院还根据自己不同的环境条件分别建有自己的特色场所。此外，书院辅导员的宿舍均分布于书院学生宿舍当中。书院远远超出大学宿舍的范畴，为学生的思想成长、人格养成打造了温馨的环境，是一个覆盖不同学科专业、不同年级学生，实现师生共膳共寝的社区集合体。以彭康书院为例，彭康书院是西安交通大学最早建立的书院，也是学生人数最多、机构设置最完整的书院之一。彭康书院主体建筑坐落于西安交通大学东校区东南角，由包含东 17、东 18、东 19 及东 20 舍的 U 型宿舍楼群构成。该书院拥有 3000 余名本科生，分别来自于能源与动力工程学院、电子与信息工程学院、理学院、数学与统计学院、外国语学院等 19 个专业。理、工、文不同学科思想的交流与碰撞，给学生提供了广阔的知识天地和成长空间。不同专业学生"混住"，书院宿舍不仅仅是休息睡觉的场所，还形成了一个互动社区。

2. 书院的管理机制

书院作为独立的与学院平行的实体行政机构，以大学生全面发展为目标，立足于完善组织机构建设和制度建设。书院成立院务委员会，由院长、相关专业学院负责人及教授代表、院务主任、院务副主任和学生代表组成，是书院的最高决策和权力机构，也是专业学院与住宿书院联系沟通的常规化平台。院务委员会负责制定各自书院的章程和发展规划，研究讨论学生综合素质培养、学业导师聘任考核表彰及辅导员队伍建设等重要事项。此外，各书院还成立了党的总支委员会（简称书院党总支），负责书院党建工作。书院成立共青团组织和学生会，负责开展相关活动。根据学生所学专业，书院将学生编为若干班级，每个班级由专业学院的党委副书记选派教师担任班主任，班主任负责所带班级学生学业规划等相关问题的指导。

　　校长聘请著名学者、教授和社会知名人士担任书院院长。书院还有常任导师、体育导师、通识导师和职业规划导师等，此外，书院建立学业导师制度。这是为了防止书院与学院的脱节，确保第一课堂教学工作的有效延伸和全员育人目标的实现，聘请专业课教师、基础课教师到书院为学生提供教育咨询服务，指导学生解决课程疑难点、专业规划、就业指导和科研问题。

3. 书院课程设置

　　书院推行了"大学生综合能力提升计划"，基于"表达能力、批判性思维能力、中国文化素养、职业生涯规划、领导力、公民责任意识、兴趣养成、国际视野"等 8 个领域的能力，建立了自选层、任选层、通选层 3 个层次的实践性课程，逐渐形成了与第一课堂相衔接、相补充、丰富知识、拓展视野、培养能力的书院通识教育课程计划 ①。

4. 书院文化的构建

　　书院还在学生社区建立社团、俱乐部及社区服务，鼓励所有学生至少参加一项社会活动，使学生在课堂内外发掘自身强项，获得成就感和认同感；书院立足于社区文化建设，各书院建有图书报刊阅览室、机房、讨论室、会客室、谈心室、健身房，能举行会议和班级学生活动的多功能室等设施，氛围温馨，学风浓郁，所有学生社区的场所和设施都是 24 小时向学生开放。书院立足于对学术学习、工作、生活、心理健康等方方面面的关注与教育，深入开展一系列富有时代特征和书院特色的文化教育活动，如知识讲座、辩论赛、讲演赛、各种征文比赛、读书工程、学术讲座等；开展社会实践，即社会调查、社会服务等；参与社团活动；开展心理咨询，即心理测试、心理咨询等。由书院指导的以学生宿舍为基地的各种活动相当活跃，文化氛围很浓。

　　总之，书院实施大学生生活导航、学业规划、习惯养成、公民素质与礼仪培养、综合素质拓展、心理辅导与困难援助等一整套育人计划，成为本科生思想政治教育、文化素质教育、心理健康教育的有效载体，承担起全员育人、全过程育

---

① 宫辉，苏玉波.高校书院发展报告 2017［M］.西安：西安交通大学出版社，2017：138.

人、全方位育人的重大职责[①]。书院始终以大学生全面发展为目标，深入开展了一系列富有时代精神和书院特色的教育活动，在书院文化建设、制度建设，学生学业成绩提高、科技创新、行为养成、社会实践、党员培养等方面取得了丰硕的成果[②]。

（二）先书院后学院制

顾名思义，大学阶段学生有一或两年在书院学习，在奠定扎实的通识教育基础之后，再进入专业学院学习，最终将学生培养成"厚基础，宽口径"人才，以实现通识教育的目的。清华大学新雅学院就是该类型的典型代表。

为探索本科教育改革创新，2014年清华大学设立了新雅书院。新雅学院是一所独立建制的本科"住宿制文理学院"（Residential Liberal Arts College），2016年开始正式面向全国招生（文理兼收）。该书院以"古今贯通、中西融汇、文理渗透"为宗旨，以"欲求超胜，必先会通"为导向，以"渊博雅正、器识为先、追求卓越、传承创新"为理念，培养志向远大、文理兼修、能力突出、开拓创新的精英人才。

新雅书院文理兼收，学生入学时不分专业，首先接受以数理基础和人文社科基础为核心的小班通识教育，一年后学生根据个人的志趣和能力，自由选择清华大学各专业方向（临床医学等个别专业除外），或选择交叉学科发展。新雅书院按照学分制管理，实行弹性学习年限，根据学生所修专业方向授予相关的文、理、工、艺术学士学位。在课程设置与学分学时分布上，理工科总学分在170学分左右，文科总学分不低于150学分。具体包括：① 公共必修课程（26学分）。包括：思想政治理论课、体育课、外语课。② 文理通识课程（不低于24学分）。通识课程分为人文社科通识和理工通识两大类。要求学生选修人文社科类通识课程不少于16学分（要求在前4个学期内选修不少于6门，第一学期选修2~3门），理工通识类课程按照人文、社科、工学、理学四个方向的要求分别选修，不低于8个学分，一般在前5个学期修完。文理通识课程是新雅书院的通识教育核心课程。核心课程以古今、中西、文理的交会与融合为基本出发点，以中国文明与世界文明、文

---

① 刘德英. 我国大学书院制建设比较研究［J］. 高校辅导员，2015（2）：74–76.

② 西安交通大学彭康书院［EB/OL］.［2019–06–23］. http://www.xjtu.edu.cn/bksy/pksy.htm.

化传统与当代精神、人文与科学为主线，不仅注重知识传授，而且更注重方法论指导，通过打开一扇扇认知和思考的窗口，激发和引导学生用联系的、发展的眼光，多方位、多视角、跨学科地审视和对待自己所学的专业，了解其发展过程及其与其他知识领域的联系，并由此具备文理会通和自觉创新的能力。③ 专业课程。④ 综合论文训练 / 毕业设计。⑤ 暑期和实践课程 ①。毕业生在知识、能力和素质方面达到以下要求：坚实的文理通识基础；全面的核心专业知识；在价值判断和批判性思维、交叉学习和主动创新、科学想象和人文心智、口笔表达与沟通以及知识运用和转化方面具有较强的能力；具备文明担当、价值塑造、引领和服务社会的综合素质 ②。

（三）纯书院制（博雅学院）

纯书院制，是指学生在大学期间均在书院内学习，没有特定的专业，完全以通识博雅教育为主。这种类型与美国的文理学院相似，我国的中山大学博雅学院、重庆大学的博雅学院是纯书院制的典型代表。

文理学院（Liberal Arts College），又称博雅学院，是美国高校的重要种类之一。Arts 意指素质、能力和思想这样的软性的能力。文理学院一般指奉行博雅教育，以本科教育为主，规模小而精的大学。文理学院注重全面综合教育，强调发掘学生的思维潜能，实现真正意义上的全人发展，其课程设置以基础学科为主，涵盖艺术、人文、自然科学、社会科学等门类，以此来区别于以职业培训或科学研究为导向的综合性大学，以及各种专业学校、技术高校。在大部分美国人心目中，文理学院往往代表着经典、小规模、高质量的本科教育。许多文理学院的学术声誉往往不亚于哈佛、耶鲁等综合性大学。美国 14 个顶尖文理学院有"小常春藤"之称，例如，马萨诸塞州的威廉姆斯学院（Williams College）、阿莫赫斯特学院（Amherst College）、康涅狄格州的卫斯理大学（Wesleyan University）等。

实施住宿制是美国文理学院的基本特征之一。与其他类型高校不同的是，美国文理学院通常对学生的住校时间有更明确的要求。例如，卡拉马祖学院

---

① 新雅书院本科培养方案［EB/OL］.［2019–06–23］. https://www.tsinghua.edu.cn/publish/xinya/10636/index.html.

② 清华大学新雅书院［EB/OL］.［2019–06–23］. http://www.xyc.tsinghua.edu.cn/.

（Kalamazoo College）规定，本校学生必须在学校宿舍住满三年。在文理学院，住宿生活不仅是学生大学经历的一部分，也是学校教育的重要组成部分。在这一思想指导下，文理学院将宿舍及住宿生活视为学校的教育资源，将宿舍管理部的工作人员定位为教育工作者，将宿舍管理人员的活动视为教育活动来开展①。在教学方面，由于文理学院大多仅提供本科教育，因此教师能够集中精力进行教学。同时，由于文理学院的规模小，师生间互动密切。这些对培养学生的沟通能力和领导能力，都非常有帮助。学生在接受了四年高质量的通才教育后，或进入社会，或进入研究生院深造，都相当受欢迎。

2009 年创立的中山大学博雅学院是中山大学为探索本科教育体制改革而专门设置的精英化学院。博雅学院本科学制贯彻跨学科、跨领域的精英教学方式，着重培养具有宽厚的人文社会科学综合基础并有较强适应能力的人文与社会科学高素质人才。博雅学院每年从入校新生中以二次遴选的方式择优录取 30 名学生。经学校规定的报名、遴选程序后被录取进入博雅学院学习的学生，不再属于原录取院系和专业。博雅学院学生在本科四年期间，在中山大学广州南校区集中住宿和学习。从三年级开始，学生可选择人文和社会科学学科的不同专业方向多元化个性化地发展，70% 以上学生本科毕业后继续攻读硕士学位和博士学位。为贯彻多元化、个性化发展的本科培养目标，经学校批准，博雅学院的毕业学位和专业方向包括：哲学、历史学、汉语言文学、政治学与行政学、社会学、法学。

学院的教学方案参考国外博雅学院的经验，课程设置贯彻"少而精"的原则，每学期主要课程一般为 4~5 门，但每门课均有大量阅读和作业。学生在四年本科期间将广泛而深入地研修中西方文明传统及其经典著作，必修古汉语、古希腊语与拉丁语等古典文明语言，兼修艺术理论及其技能。前两学年侧重古典语言（古汉语、拉丁语、古希腊语）与古典作品的学习，后两学年学生学习现代人文与社会科学。

在学习方式上，主要以下四种：① 教师课堂讲授知识。除教师课堂讲授知识外，还有办公室值班制度，所有任课教师每周都将在固定时间在办公室里接待

---

① 王春春，沈振锋 . 美国文理学院住宿制的特色及其教育意义［J］. 大学（学术版），2013（10）：65-73.

学生，以方便与学生在学术、生活等方面进行交流。办公室值班制度有效地拉近了师生距离。② 小班讨论。小班讨论对于博雅学生来说必不可少，目的在于开发学生独立思考的能力，教师作为一名向导，更多的是与学生一同合作，而不是将其理解强加于学生。③ 课外阅读与写作。博雅学生需要进行广泛的课外阅读，并且被要求在前两学年每月提交 5000 字读书报告，课外阅读及报告可涉及学生喜爱的任何领域。④ 讲座。博雅学院直属中山大学人文高等研究院领导，博雅学院院长由"逸仙学者"讲座教授、人文高等研究院院长甘阳教授担任。人文高等研究院利用其广泛的海内外学术联系，广邀海内外学者为博雅学院讲授课程并开设系列讲座。

在第三课堂方面，主要有：①社会调查。博雅学生四年内需独立在其家乡完成一项社会问题调查，并提交调查报告。博雅的团体容纳了具有多样生活背景与人生经验的学生，通过彼此之间的分享，每人都可从同伴身上受益匪浅。②社会实践。博雅学生四年内需参与一次为期一个月的下乡活动并提交下乡活动报告。一段较长时间的乡间生活促使博雅学生走出书屋，对生活在广大土地上的更广泛人群有所认知与理解。在北京梁漱溟乡建中心等机构的帮助下，博雅学生已完成在河北张家口、河南驻马店、贵州从江县等地进行的下乡活动。③ 支教。博雅学院与中山丽景学校合作，在其下属小学中山市博爱小学开展"儒行在路上，国学进课堂"课程活动。

博雅学院强调精英教育，但这不意味任何特权，而仅仅意味更多的阅读，更多的思考，更多的付出，且将来承担更大的责任。博雅学院推崇的人生价值不是金钱，而是智慧与修养。博雅学院学生的人生榜样不是亿万富翁，而是学富五车的大思想家、大学问家[①]。

二、书院制阅读推广策略和路径

由于高校层次类型不同，人才培养存在差异，建设书院的动机、政策和资源也各不相同，书院教育模式和类型的选择必然有所差异，但是无优劣之分。不同的书院在阅读推广上的方式与方法都不一致，但是总结起来有以下主要的和通行的策略。

① 中山大学博雅学院简介［EB/OL］.［2019–06–23］. http：//lac.sysu.edu.cn/xyjj/xygk/index.htm.

（一）打造书院住宿社区文化，有效促进阅读推广

书院制和课程式通识教育最大的不同，就是"学院制"以学科专业为中心进行培养，书院依托"书院"环境建设——以宿舍为区域打造书院社区文化，在硬件上提供学生学习、交流、成长和发展的场所，在社区文化上以第二课堂活动为主的非形式教育，有效弥补学院专业教育的不足。打造书院社区文化，可以有效地促进阅读推广，为通识教育和人文素质教育提供可依托的阵地和抓手，是加强学生文化养成和综合素质提升的有效途径。

哈佛大学校长洛厄尔长曾指出："第一课堂不应该成为一个年轻人所接受的唯一的教育。日常生活是最好的大学，一个人的品质与习性在很大程度上取决于他的生活环境和同伴氛围等。"大学书院一个重要的教育功能就是开展生活和养成教育。书院住宿社区是书院教育标志性特点，是学生学习、交流、成长、发展的硬件场所，需要有满足要求的、配套的基础设施和支撑条件，如学生宿舍、导师宿舍、图书室、电子阅览室、报告厅、会议室等。有的书院还有用于进行通识教育的专用教室、学生教育活动中心、对外交流中心、国际交流中心等，用于培养学生科研创新能力的科技活动中心、网络中心等，提供文化娱乐服务的餐厅、健身房、洗衣房、学生厨房、多功能活动室、艺术室、琴房等，这些良好的住宿条件为学生开展课外实践活动提供了场所，营造了"家"的氛围，使学习与生活融为一体，为学生创造了良好的"全人"成长发展空间。

在学生住宿安排上，书院通常会打破传统形式，实行跨年级、跨专业混居来营造宽松而融洽的学生生活环境。不同专业和年级的学生混住便于跨学科交流、拓宽思路、丰富知识结构等，便于拓展学生社交能力、沟通技能和自我管理能力。通过书院中心组织的引导，书院学生在社区内能较易融入群体，积极参加内容丰富的学生社区活动，促进学生全面发展。

（二）建立导师制，构建书院通识教育体系，推动阅读活动

除了纯书院制外，书院制基本上是"书院制"的住宿学院和"学院制"的专业学院以矩阵式结构共同培养学生，专业学院主要负责专业教育与学术研究，住宿学院作为专业教育的有效补充，给予学生专业教育之外的培养。书院制中的导师制是书院育人机制的重要一环，书院应为学生提供师生共处的生活空间和学习

空间，通过授业教师的品格风范和为人处世方式来引导、影响学生的行为。

实施导师制的关键在于组建优秀的导师队伍，要选聘关心学生发展、具备高尚道德修养和良好职业道德、具有较高学术文化水平和严谨治学态度、作风正派、工作认真负责的教师，担任书院的生活导师、学业导师和学术导师。利用各种正式、非正式途径与学生互动交流，把握学生思想、心理和学习的动态状况，引导学生自主学习和探索自我发展规划，指导学生开展学术教育活动，帮助学生树立正确的世界观、人生观和价值观，帮助学生全面健康发展。

（三）建设书院的非形式教育体系，拓展阅读推广

书院教育采取非课堂手段，主要是以非形式教育和社会化育人活动为主，着重于培养学生的文化品位、自信心、责任感和人际关系能力、国际化视野等。建设书院的非形式教育体系，目的是与课程类的形式教育相互依存，它既是对人才专业教育的补充，又是对专业教育的升华。特别是建设文理渗透、理工交融的书院通识教育体系，更有利于学生主动参与、拓宽视野和提升能力。例如，南京审计大学书院一直致力于探索第二课堂活动的体系化设计。如，润园书院建立了"四系列（院生系列、新生系列、女生系列、男生系列）＋六模块（导师论坛、导师微沙龙、财经大讲堂、青春报告会、女生小课堂、男神学堂）"的第二课堂教育体系。泽园书院推进"6+1"综合素质教育体系。"6"包括通识讲座与微课程计划、经典阅读与读书小组计划、人格培育与习惯养成计划、学生素质拓展计划、导师引领与分类指导计划、党员领航与示范带动计划，"1"是指关爱与励学计划 [①]。这些探索开拓了学生的视野，帮助学生明确了学习目标和发展方向，并能有效利用学院和书院资源提升自己。

（四）建立书院的组织与协同保障机制，保证阅读推广的实施

建立健全书院的组织机构及协同保障机制才能确保书院教育的有效运行和可持续发展。书院的组织与协同保障机制主要包括：①书院管理委员会。书院管理委员会研究决定书院建设发展的重大事项，就学生在书院和学院学习和发展中所面临的一系列关键问题，集中进行研讨决策。②教学指导委员会。教学指导

---

① 刘海燕，陈晓斌.中国大学三种书院教育模式讨论［J］.大学教育科学，2018：68–74.

委员会研究创新人才培养模式，制定人才培养方案、通识教育体系、课程教学内容、教学质量标准等事项。③学团组织。学团组织包括党组织、团组织、学生会、学生社团、学生导师团等，本着自我教育、自我管理、自我约束的原则，通过学生朋辈引领，促进学生自我教育、自我管理、自我服务能力的提升，形成相互促进、相互激励、取长补短、共同发展的良好氛围①。

---

① 张建斌.卓越人才培养中实施书院制教育模式的思考［J］.江苏理工学院学报，2018，24（4）：109–114.

第三讲

通识教育的内在需求：经典阅读与阅读推广

第一节　经典与经典的构建

通识教育以经典阅读为本，这在国内外教育界是相通的。经典名著阅读是西方自由教育和中国古代教育的传统，到近现代依旧是通识教育的内在需求和关键所在。著名教育家、前芝加哥大学校长赫钦斯认为，大学之道首先在于不同科系、不同专业之间必须具有共同的精神文化基础，即通识教育，而课程建设应主要由那些永恒的学习组成，经典名著是永恒学习的一个重要部分。没有它们，就不可能了解任何学科，不可能理解当今世界①。通识教育的内在需求和核心是经典阅读，经典名著的内在本质性特征及外在要素构成了经典名著阅读与通识教育的目标的一致性。

什么是经典？经典的本质和特征是什么？经典是如何形成的？经典的标准是什么？经典的价值和作用是什么？只有了解了关于经典的这些问题，我们才能懂得为什么通识教育的核心和基础是经典阅读。

一、经典概念解析

何为经典？说到"经典"，我们的脑海里大概都会出现一个长长的名单。在

---

① 罗伯特·M.赫钦斯.美国高等教育［M］.汪利兵，译.杭州：浙江教育出版社，2001：46-47.

中国文化中，《大学》《中庸》《论语》《诗经》《易经》《春秋》等"四书五经"，《楚辞》《老子》《庄子》《史记》《汉书》《资治通鉴》等，唐诗、宋词、元曲和明清小说，乃至现当代的著名作家梁实秋、林语堂、鲁迅等人的作品，我们都认为是经典。在西方文化中，我们可以远追《荷马史诗》、古希腊悲剧、柏拉图的《理想国》、亚里士多德的《伦理学》和《政治学》等作品，还可阅读薄伽丘的《十日谈》、莎士比亚的《哈姆雷特》、塞万提斯的《堂·吉诃德》、雨果的《悲惨世界》、拜伦的《唐璜》、歌德的《浮士德》、巴尔扎克的《高老头》、托尔斯泰的《战争与和平》、陀斯妥耶夫斯基的《罪与罚》等文学著作，以及康德的《纯粹理性批判》、黑格尔的《精神现象学》等哲学著作；近可阅读现当代的文学经典、哲学经典，如马克·吐温、尼采、弗洛伊德、卡夫卡、艾略特、乔伊斯等人的作品。

每个人心中都有不同的经典著作名单，那么，什么是"经典"？历史上很多人都给出了自己对经典的理解。

意大利作家伊塔洛·卡尔维诺（1923—1985）在《为什么读经典》中列举了14 种经典作品的定义和内涵，他写道："经典作品是这样一些书，它们对读过并喜爱它们的人构成一种宝贵的经验；但是对那些保留这个机会，等到享受它们的最佳状态来临时才阅读它的人，它们也仍然是一种丰富的经验。""经典作品是一些产生某种特殊影响的书，它们要么本身以难忘的方式给我们的想象力打下印记，要么乔装成个人或集体的无意识隐藏在深层记忆中。""经典作品是这样一些书，它们带着先前解释的气息走向我们，背后拖着它们经过文化或多种文化时留下的足迹"①。

经典是人类普遍而超越（非功利）的审美价值和道德价值的体现，具有超越历史、地域以及民族等特殊因素的普遍性与永恒性②。王余光先生认为："我们常说的经典，是指那些具有重要影响的、经久不衰的著作，其内容或被大众普遍接受，或在某专业领域具有典范性与权威性。"除去专业经典，就一般意义上的经典而言，

---

① 伊塔洛·卡尔维诺.为什么读经典［M］.黄灿然，李桂蜜，译.南京：译林出版社，2015：2–3.
② 陶东风.文学经典与文化权力（上）：文化研究视野中的文学经典问题［J］.中国比较文学，2004（3）：58–74.

通常具有三个重要的特性，包括：影响力、时间性、广泛性 ①。

关于经典，从字面上看，"经"指织布机上的纵线，"典"指放置于架子上的简册。许慎《说文解字》中称："典，五帝之书也，从册在丌上，尊阁之也。庄都说，典，大册也。"刘勰在《文心雕龙·宗经》中言："经也者，恒久之至道，不刊之鸿教也。"意思是说："经，就是永恒的、绝对的道理，不可改易的伟大教导。"经典就是承载天、地、人的常理和训导的各种典籍。"经典"一词大约从汉魏时期就开始使用了，早期指先秦至汉魏时的史书和典籍，后来主要用来指儒家典籍。随着时代的发展，"经典"的范围从儒家典籍扩大到宗教经籍，将佛道诸教的重要典籍囊括了进来。例如，白居易在述及苏州重玄寺法华院石壁勒刻的《法华经》《维摩经》等八种佛经时，就将其称为"经典"，说道："三教之要旨，万佛之秘藏。"（《苏州重玄寺法华院石壁经碑文》）再后来，凡一切具有权威、能流传久远并包含真知灼见的典范之作都被人称为经典。所以刘勰说经典是"恒久之至道，不刊之鸿教"，此可谓一语中的之论。

英语中与"经典"对应的词大约是 Canon 与 Classic。Canon 有"规则""律条"等含义，后指《圣经》或与《圣经》相关的各种正统的、记录了神圣真理的文本。可见，Canons 概念原初具有浓烈的宗教意味。大约从 18 世纪之后，其使用范围才逐渐超越了宗教范围，扩大到文化的各个领域中。Classic 源自拉丁文，原意为"头等的""极好的""上乘的"，是古罗马税务官用来区别税收等级的一个术语。2 世纪的罗马作家奥·格列乌斯用它来区分作家的等级，后来到文艺复兴时期，人们开始较多地采用它来说明作家，并引申为"出色的""杰出的""标准的"等义。再后来人们才把它与"古代"联系起来，于是古希腊、古罗马作家们便成了"经典作家"（Classical Authors），"经典"（Classic）也就成了"典范"（Model）、标准（Standard）的同义语。文艺复兴之后的"古典主义"是以推崇古希腊、古罗马经典作家而得名的。在文学等领域，逐渐使用 classic 指代经典。因此，英文的经典主要指（像古典作家或作品，即古希腊、古罗马作家或作品）取得了杰出而卓越的成就，并在各主要领域上树立了持久的典范和标准，且获得了广泛认

---

① 王余光. 阅读，与经典同行［M］// 王余光. 阅读，与经典同行. 深圳：海天出版社，2013：16–42.

可的作品 ①。

从上述对"经典"概念的由来与含义的考察可以看出，"经典"指那些权威的、典范的伟大著作。在人文、社会科学及自然科学的各个领域中都有"经典"之作 ②。虽然经典的定义并不一致，但是经典包含了以下几个特征：经典具有"高度"，即思想学术价值、艺术价值或审美价值；经典具有"广度"，指作品影响的范围，不仅在本民族的文化语境下有影响，还能为世界上不同民族所接受；经典具有"长度"，即指作品经过漫长时间的检验，即使穿越黑暗的"时间隧道"也能传之后世 ③。

二、经典的构建

不同时代、持有不同观点的人，常常对经典的认知不一。在我国封建时代，"四书五经"对士人来说是经典，而小说、戏曲作品则不被认为是经典。到了"五四"运动后，由于科学、民主思想成为主流思想，"四书五经"不再被视为经典，《红楼梦》《西厢记》这样带有典范性的小说和戏曲作品则成为了文学经典。由此可见，经典是时常变动的，不是被某个时代的人们确定为经典，就一劳永逸地永久地成为经典，经典是一个不断地建构的过程 ④。

经典是一个民族历史长期形成的价值，是心灵的滋养，是精神的升华，是文化的深厚积淀。经典建构的过程就是作品"经典化"的过程，即经典的形成过程，也就是探究作品为什么能成为经典。

经典建构的因素是多种多样的，我们可以分为作品的内部要素和外部要素，具体说来有以下六个要素最为基础：① 作品具有丰富的内涵，具有经典性。② 作品的可阐释空间。③ 意识形态和文化权力变动。④ 理论和批评的价值取向。⑤ 教育的力量。⑥ 读者和发现人（又可称为"赞助人"）。就这六个要素看，前

① 曾宏伟. 在 Canon 与 Classic 之间：哈罗德·布鲁姆经典观特征管窥 [J]. 广西社会科学，2009（6）：97–101.

② 刘象愚. 经典、经典性与关于"经典"的论争 [J]. 中国比较文学，2006（2）：44–58.

③ 周百义. 出版在经典建构中的作用——经典、经典化与出版功能研究 [J]. 出版科学，2017，25（6）：5–12.

④ 童庆炳. 文学经典建构诸因素及其关系 [J]. 北京大学学报（哲学社会科学版），2005，42（5）：71–78.

两项属于作品内部要素，后四项则属于影响作品经典化的外部因素，这六项因素相互作用，建构起了经典①。

（一）作品具有丰富的内涵，具有经典性

经典应该具有丰富的内涵，或者具有文艺价值；它们描述了历史，具有史学价值；它们思考了人性和人生，具有哲学价值；它们探讨了自然天地，具有科学价值等。经典应该包含了关于人类社会、文化、人生、自然、宇宙中那些重大的思想和观念，这些思想与观念的对话能够促进人类文明的进步、社会的完善，参与人类文化传统的形成与积累，并极大地丰富和有益于人类生活。

1. 经典应该具有内涵的丰富性

经典的内涵越是丰富，其经典性就越强。例如《红楼梦》和《荷马史诗》包含了社会与人生的许多主题，像政治、经济、宗教、历史、文艺、教育、家庭、婚姻等许多方面，几乎无不涉及，可以说是包罗万象，因此许多人称它们为"百科全书"。这些作品都具有丰富的内涵。

2. 经典应当具有相当的艺术水准或学术水准

经典还需要具有相当的艺术或学术水准，能够引起读者的阅读兴趣和心理共鸣，满足读者的期待。某些经典写出了人类共通的"人性心理结构"和"共同美"，也就是说，某些作品被建构为文学经典，主要在于作品本身以真切的体验写出了引起人们共鸣的情感。例如，20 世纪五六十年代，正是我国崇尚革命意识形态的年代，但是也把南唐后主李煜后期的词列入了文学经典。"林花谢了春红，太匆匆，无奈朝来寒雨晚来风。胭脂泪，相留醉，几时重？自是人生长恨水长东。"李煜的诗词从自身屈辱的不幸境地出发，感叹了人生的无常、世事的多变、年华的易逝和命运的残酷。李煜怀着一种悔罪的心情企望着出世的"彻悟"和"解脱"，但同时又念念不忘世间的欢乐与幸福，李煜痛苦、烦恼、悔恨，所表达的错综复杂的感触和情绪远远超出了狭小的个人"身世之戚"，因而带有广泛性，引发了读者在情感上的深切感受和普遍的人生思考。李煜的词长久传诵不绝，正是许多读者始终能在其中找到自己情绪的共鸣和表现。此外，他还有许多描写山水、田

---

① 童庆炳. 文学经典建构诸因素及其关系［J］. 北京大学学报（哲学社会科学版），2005，42（5）：71–78.

园、乡土的诗词和其他作品也历久而不衰，一直被当作经典来看待，其中主要涉及"共同美"的问题。高超的艺术水准或学术水准，共同的审美，这是经典建构的重要因素。

3. 经典具有实质上的创造性

所谓经典的创造性，是指经典不仅要包容尽可能多的思想和观念，更重要的是，它包含的思想和观念不仅仅是重复前人或他人已经说明的东西，而且具有开创性。例如，苏格拉底、柏拉图和亚里士多德师徒的著作都是经典，他们在老师的基础上都实现了学术创造。苏格拉底提出了"灵魂不灭"的观点，认为人的灵魂或精神是永恒的，这为西方哲学中的唯心论奠定了基础。柏拉图作为苏格拉底的学生，继承了苏格拉底的哲学思想，但却有所创新，将其进一步发展为较为完整的二元对立的唯心主义。他提出人类世界可以分作"感觉世界"与"理性世界"两部分："感觉世界"是我们周围可见的、可以感知的、不完美的世界；"理性世界"则充满了"永恒的理念"或"纯粹的形式"；"感觉世界"是低级的，而"理性世界"是高级的。"感觉世界"不过是"理性世界"的"摹本"而已。柏拉图的这个永恒的、不变的"理念"或"形式"来自苏格拉底的神秘的"灵魂"或"精神"，但他却把它进一步升华为一种"绝对的理念"，纳入自己创造的精神与物质二元对立的唯心主义哲学体系中。亚里士多德作为柏拉图的学生，则否定了那个神秘的、绝对的理念世界，认为我们所感知的这个物质世界是真实的、唯一的实在，他提出"四因说"，力图理性地认识外在世界变化的根本原因，为西方哲学中的唯物主义开创了道路。创造性在柏拉图与亚里士多德经典地位的形成中具有重大意义。亚里士多德在柏拉图的基础上，在许多方面都有所创新，就创新的量而言，亚里士多德显然超过了柏拉图，这或许是亚里士多德在其后的中世纪名声大噪，甚至超越了柏拉图的原因之一。可见，经典的发明和创新越多，其经典性就越强。

4. 经典应该具有时空的跨越性

所谓经典的时空跨越性，有两个层面的理解：一种是经典作家或作品，例如莎士比亚的作品不仅属于一个时代，而且属于所有的时代；另一种是说，经典应该总是与现实的社会生活紧密相关。任何一个时代的经典在于它们不仅是过去时，而且总应该是现在时，并且总是与当代息息相通，即经典具有当代性。经典作家及其作品在他们的时代所产生的影响固然重要，但他们与我们的当代有什么关联更为重要。如果他们与当代的现实生活没有关联，就会被遗忘，这也就是有些经典在传承的过程中会发生断裂的原因。只有那些总是与当代密切相关的经典才会不发生断裂地一直传承下去。从这个意义上讲，经典与当代的关联越密切，其经典性就越强。

5. 经典应该具有无限的可读性

所谓无限可读性，是说一部经典应该经得起一读再读，经得起不仅少数人而是众多人读，经得起不仅一个时代的阅读而是若干时代都在阅读。从读者的体验讲，经典是那些能够启蒙益智、陶冶情操的书，能够使人在精神上变得成熟和深邃的书，能够使人或惊奇或震撼或愉悦的书，能够使人一旦读后便爱不释手或永生难忘的书，能够让人总想复读而每一次阅读都会有新的创获的书。可复读的次数与范围越大，经典性就越强[①]。

（二）作品的可阐释空间

作品的可阐释空间，也就是作品的言说空间的大小，这也是经典建构的必要条件。作品本身描写世界是否宽阔，作品所蕴涵的意味是否深厚，对经典建构而言十分重要。如果我们面对的作品思想意义比较开阔，可供挖掘的东西很多很深厚，就是人们通常所说的某部作品"说不尽"，那么就能称其为经典。最典型的就是我们前面谈到的莎士比亚和曹雪芹。曹雪芹的《红楼梦》由于所描写生活的广度和深度都达到了极致，艺术表现的客观性与主观性产生的巨大张力等，因而是一部具有辽阔阐释空间的作品。它经得起不同意识形态的冲刷和解释。从《红楼梦》作品诞生至今，研究者们对《红楼梦》的意义、版本、内容阐释等都进行了各种争论，各种意识形态在这里角力，赋予了《红楼梦》不同的意义，《红楼梦》作为"文学经典"的地位在争论中更凸显其灿烂和辉煌。诚如鲁迅所言：对于《红楼梦》，"经学家看见《易》，道学家看见淫，才子看见缠绵，革命家看见排满，流言家看见宫闱秘事"。《红楼梦》作品本身的辽阔阐释空间，是作品成为经典的条件。

---

① 刘象愚.经典、经典性与关于"经典"的论争［J］.中国比较文学，2006（2）：44-58.

（三）意识形态和文化权力变动

意识形态及文化权力的变动，对于经典的建构影响很大。意识形态的影响属于"操控"，可能会产生积极的影响，也可能会产生负面的影响，但对经典的建构起不到决定性作用。意识形态在不同历史时期是不同的，当新的社会制度建立，主流的意识形态必然要加强对思想舆论的控制，政治、经济、文学、哲学、军事等类型的经典作品都会被"重新洗牌"。例如，中华人民共和国成立以后，国家和社会需要安定，在思想舆论上的管理比较严格。中华人民共和国成立后出版的《中国现代文学史》就确立了鲁迅为"中华民族新文化的旗手共产主义者"的地位，此外，还有郭沫若、茅盾、叶绍钧、郁达夫、蒋光慈、胡也频、老舍、巴金、闻一多、曹禺、丁玲、张天翼、萧红、艾青、夏衍、陈白尘、赵树理、周立波、刘白羽、柳青等人，而胡适、周作人、冰心、庐隐、徐志摩、李金发、戴望舒、沈从文、张爱玲、穆时英、施蛰存、梁实秋、丰子恺、钱钟书等作家及其作品，则完全没有列入。该书比较准确地折射出中华人民共和国成立初期意识形态对于现代文学经典的挑选。1961年，中国经典大师的排列是"鲁、郭、茅、巴、老、曹"。到了"文革"时期，国家动乱，政治意识形态呈现极"左"倾向，对所谓的"封、资、修"实行全面打击，除曹雪芹的《红楼梦》、鲁迅及其作品、毛泽东及其诗词外，其他所有的作家作品都被排除在文学经典之外。由此可见，意识形态的变动，文化权力的转移，在很大程度上影响了经典的秩序。随着时间的推移，我们也看到当代经典作家及其作品不仅包括《中国现代文学史》中所列的大师，还包括钱穆、梁实秋、林语堂、胡适等前往香港地区和台湾地区的作家及其作品。可见政治意识形态只能在某个阶段对经典产生影响，但随着时代和时间的变化，作品往往会突破政治意识形态的禁锢，成为流传世代的经典。

（四）理论和批评的价值取向

文学、史学等学科理论与批评的观念的变更，对经典的建构也起到了相当重要的作用。我们仅以文学理论和批评为例加以阐述。文学理论与批评的观念主要是一种学理，其变化主要体现为：是强调作品内部的语言文字意义，还是强调作品外部的社会意义；是强调作品形式的意义，还是强调作品内容的意义；是强调作品的结构意义，还是强调作品的心理意义等。不同的文学理论和批评观念，在选择文学经典的时候，必然会产生不同的影响。我们可以以中华人民共和国成立后 17 年和改革开放后 17 年对文学经典的不同选择为例来说明。在中华人民共和国成立后的 17 年，中国的文学理论和批评以"社会主义现实主义"理论体系为圭臬，主要在批判现实主义和革命现实主义的外国文学作品中选择经典，而国外当时正在流行的现代主义的作品被一概排斥在外。改革开放后的 17 年，文学理论和批评观念的逐渐多元化，西方各种文学理论和批评观念都被理论批评界所吸收。我们逐渐接受了西方现代派的作品，艾略特之后的各流派现代主义作家及其作品被我们认识，并承认它们为经典。正是文学理论与批评的观念的开放，外国的现实主义的、浪漫主义的、现代主义的作品才进入中国学者的视野，外国文学经典在我们编写的文学史中才逐渐丰富起来。可见，学科理论和批评的观念的变更是经典建构的先导。

（五）教育的力量

经典形成中的另一个关键因素是教育。在经典形成和传承过程中，历代教育机构传授经典。教育机构在选择教材教学用书的过程中对保存与传承经典起到了重要的作用，正是在这样一个选择过程中，老的经典不断得以巩固，新的经典不断得以诞生，从而形成了各自不同的文化传统。例如，《诗经》中的作品最初数百年间一直在民间口耳相传，但从周朝初年开始，也通过教育机构进行传授。据说作为一个乐官，周太师的一个重要任务就是教贵族子弟学诗。《诗经》的流传和经典化，教育家孔子功不可没。孔子不仅修订《诗经》，还传授《诗经》。孔子聚众授徒，《史记·孔子世家》说"孔子以《诗》《书》《礼》《乐》教"。中华文化传统中的核心经典"四书五经"都是经由孔子及其门徒后人、历代文人学士通过教育辗转传承的。我国从汉代开始形成"太学""庠"教育，唐代出现"国子监"。据《旧唐书·高宗本纪》载："凡六学，皆隶于国子监。"所谓"六学"，即国子学、太学、四门学、律学、书学和算学。此后，宋、元、明、清各朝皆设国子监，其中宋代还兴起了"书院"。这些教育机构以及近现代的各级"学校"教育，对于中国文化传统中"经典"的形成居功至伟。

西方经典的形成也离不开教育的力量。古希腊的城市国家（除斯巴达以外）

大都以培养既有军事技能又有人文素养的公民为教育的根本任务，因而把人文的经典与军事训练一起作为教育的基本内容。大约从公元前四世纪开始，雅典城市国家学校中设置了必修课《荷马史诗》，教师在课堂上诵读《荷马史诗》片段，要求学生听写，并把它们牢记在心，课堂上还经常就作品中所描述的英雄业绩开展讨论。苏格拉底、柏拉图和亚里士多德等大师都曾像孔子一样聚众授徒，柏拉图和亚里士多德还建立了雅典最早的学院，他们的著作也是后来历代学生学习的基本内容。古罗马从公元前 2 世纪前后开始借鉴古希腊的教育与学校建制，孩子从 6~7 岁开始从家庭教育转入学校，学习读、写、算，从 12~13 岁开始进入高级"文法"学校，学习拉丁语、希腊语、文法和文学，尽管古罗马以培养雄辩的演说家为教育的第一要务，但依然要求学生学习一定的经典作家作品。学生们学习的"文学"课就包括了古希腊、古罗马的大家诸如荷马、西塞罗等人的作品。中世纪千余年的宗教逐渐从希伯来犹太教转向基督教，其教育内容以基督教文化为核心，但古希腊、古希伯来的文化并没有被排斥，而是被精心地编织进基督教文化教育的主流之中，七艺仍旧是基督教统治时代的共同必修课。德米特里俄斯·康斯坦特罗斯在《基督教的希腊文化》（*Christian Hellenism*）中曾讨论了中世纪拜占庭文化的形成，并谈到学校教授古希腊、古罗马经典的情况：小学和中学阶段的学生要读《荷马史诗》中的片段和其他古典诗歌，14 岁后他们就要能背诵《伊索寓言》，到大学阶段则必须在诵读《圣经》《荷马史诗》的同时，还要学习古典修辞大家例如埃斯基涅斯、伊索克拉底、狄摩西尼、西塞罗等人的作品和雄辩术。文艺复兴之后，西方的学校教育始终把古希腊、古罗马的经典作家及其作品作为教育的重要内容。

（六）读者和经典的发现者

在经典建构中，会有两类人起到重要作用，一类是经典著作的一般阅读者，另一类是经典的发现者（又可称为"赞助人"）。从读者和发现者对经典建构所起的作用来看，读者和发现者是经典的内部构建因素和外部构建因素的连接点。意识形态和文化权力、学科理论和批评观念这些外部因素，可以对经典的形成产生"操控"，产生影响，或奉某些书为经典，或将某些书打入冷宫，但是经典的流行最终必须依靠读者。经典必须得到读者和发现者的认可，才能称为经典。离开读者的阅读和再创造活动，或读者和发现者不认可，无论意识形态和文化权力如何强力推行经典，经典也无法成立并流行起来。

读者是理解并再度构建经典作品的要素。作品向人们展现的世界无论如何多样和美好，都不会自动变为审美对象，都必须经过读者的阅读和理解。作品只有符合读者的期待视野，被读者感受到，才会成为经典。正如接受美学的创立者德国学者汉斯·罗伯特·姚斯（Hans Robert Jauss）所说："在作家、作品和读者的三角关系中，后者并不是被动的因素，不是单纯地作出反应的环节，它本身就是一种创造历史的力量。文学作品的历史生命没有接受者的积极参与是不可想像的。因为只有通过读者的传递过程，作品才进入一种连续性变化的经验视野。"① 读者在经典建构中不是被动因素，而是连接经典外部要素和内部要素的纽带，读者一方面接受外部意识形态的影响，另一方面成为经典的阅读者、欣赏者和发现者。

发现者（或赞助人）和读者一样是经典构建的要素。发现人是最早发现某个经典的人，发现人可以是一个人或一群人，也可以是跨越不同时代的人。发现者要具备两个基本品质：一是具有发现能力，能提出对作品的新认识、新体会或新理解；二是具有较大的权威性，这种权威性使他的发现能够推广开来。

我们可以从陶渊明及其作品、《荷马史诗》如何成为文学经典的过程来加以说明。陶渊明（365—427），东晋人。陶渊明的诗歌在后世影响很大，被确认为经典。但在他生活的年代，陶渊明并没有后世那样的影响。晋末的诗人当时只列殷仲文、谢琨。至刘宋时期，江左颜延之、谢灵运并称"颜谢"，很多著作中都没有注意到陶渊明。当时文坛领袖沈约所撰《宋书》也只把陶渊明列入《隐逸传》，其诗也未被提及；沈约在《谢灵运传》后所作的长篇评论，力图概括一代文风，也未有陶渊明。《南齐书·文学传论》以及晋宋各种史传，都没有关于陶渊明诗的评价。刘勰的《文心雕龙》被称为"体大虑周"，但其书中所提到的作家名单中竟然也没有陶渊明和他的诗。钟嵘的《诗品》提到陶渊明的诗，但只将其列为中品，说成是"隐逸诗人之宗"。陶渊明及其诗真正被发现当首推南梁昭

---

① H.R. 姚斯，R.C. 霍拉勃. 接受美学与接受理论［M］. 周宁，金元浦，译. 沈阳：辽宁人民出版社，1987：24.

明太子萧统。他在《文选》为陶渊明写了"传"并编选了陶诗，陶渊明及其诗歌在历史上算有了一个较高的地位。此时距离陶渊明生活的东晋已经过了三个朝代。在萧统《文选》的权威推荐之后，唐代人开始注意陶渊明，例如李白的《山中与幽人对酌》："我醉欲眠卿且去，明朝有意抱琴来。"把陶渊明饮酒的故事写入诗中；杜甫的《可惜》写道："宽心应是酒，遣兴莫过诗。此意陶潜解，吾生后汝期。"白居易的《题浔阳楼》曰："常爱陶彭泽，文思何高玄。"唐代对陶渊明的评价，总体而言不会比对谢灵运等人的评价高。对陶渊明及其诗歌的第二发现人是宋代的苏轼。苏轼是宋代大文豪，他的诗、词、文都是一流的，在文坛上享有很高威望，同时他曾在中央和地方历任高官，是一个有文化权力的人。他对陶渊明很推崇，因此大加推荐。他推崇陶渊明的诗，赞其诗表面上质朴和单一，内在却华美而丰富，这种审美很符合苏轼的艺术追求。正是苏轼这样一位在文坛上有着权威的文人的推荐和赏识，才奠定了陶渊明成为中国文学经典作家的基础。从苏轼以后，各种诗话诗评推崇陶渊明，也是水到渠成之事了[①]。

同样的，亚里士多德对《荷马史诗》的推崇奠定了其经典地位。亚里士多德曾写过一部有关荷马问题的专著，此书汇集前人与同代学者对《荷马史诗》的评论，并发表了亚里士多德自己的观点。虽然该书已经失传，但他在《诗学》中对荷马的赞美广为人知，该书中有13处谈到《荷马史诗》，5处谈到史诗。可以说，没有亚里士多德这位大师级人物的高度评价，《荷马史诗》在西方文学史上同样不会具有那样崇高的地位。此外，历代各国学者的翻译、阐发与评价也起了重大作用。例如，朗吉努斯、德莱顿、蒲柏、弥尔顿、拉辛、歌德等许多著名作家都曾高度评价它，歌德甚至将《荷马史诗》置于和《圣经》同样的高度。正是这些著名学者与译家的热情推崇与高度赞美，才使得这部作品成为西方文学的源头和经典中之经典。

经典作品的形成是一个漫长而复杂的过程，受到各种因素的影响：作品本身必须要有丰富的内涵，非常高的水准，很强的创造性，时空的跨越性及无限的可读性；能够给予后人广阔的可阐释空间。在意识形态和文化权力的影响下，在教育体系的选择中，经过读者的阅读和发现人的推荐，优秀的作品历经时代的洗礼

---

① 童庆炳.文学经典建构诸因素及其关系［J］.北京大学学报（哲学社会科学版），2005（5）：71–78.

而不断被构建，最终成为经典。

第二节　通识教育的内在需求：经典阅读

经过多年的发展，世界各个高校的通识教育和专业教育已经形成了融会贯通的局面。其中美国的通识教育和专业教育成为国际高等教育领域的典范，美国高等教育的生命力就在于其自觉地植根于西方文明的深处。在现代大学的本科通识教育体制中，要求每个本科生首先都必须接受高度强化的西方古典教育和经典教育。下面就来看看中外通识教育发展过程中的经典阅读概况。

一、国外通识教育中的经典阅读

（一）赫钦斯和芝加哥大学的"经典名著运动"

欧美早期的博雅教育是以古代希腊和古代罗马的"七艺"为主，到近代特别是 20 世纪以后，经典名著课程成为通识教育的核心。赫钦斯与芝加哥大学的名著教育运动奠定了经典阅读在现代通识教育中的核心和关键的地位。

赫钦斯（1899—1977），美国教育家，永恒主义教育流派的主要代表人物。1899 年 1 月 17 日，他出生于美国纽约布鲁克林区的一个神学教授的家庭。1915 年，赫钦斯就学于奥伯尔林学院，后因入伍中断学业。第一次世界大战后，他转入耶鲁大学学习并于 1921 年毕业。赫钦斯

图 3-1　罗伯特·M. 赫钦斯（Robert Maynard Hutchins，1899—1977）

自 1923 年起在耶鲁大学任教，1928 年担任耶鲁大学法学院院长。1929 年，他担任芝加哥大学校长，年仅 30 岁，是当时美国最年轻的大学校长。1937 年，赫钦斯担任了马里兰州圣约翰学院的兼职董事，帮助该学院实施以名著教育为主的教育计划。1951 年，刚退休一年的赫钦斯担任了福特基金会副主席。为了资助教

育研究与实验工作，他提议成立"教育促进基金会"。1977年5月14日，赫钦斯因病去世。他的主要教育著作有《美国高等教育》《为自由而教育》《教育中的冲突》等。

赫钦斯是永恒主义教育流派的代表。20世纪20年代，在美国一些学院和大学讲授经典著作的"不受约束"的青年教师形成了一个小团体，其中的核心人物是：赫钦斯、爱德勒（美国教育学家，曾在芝加哥大学任教）和布坎南等。这些青年教师为宣传自己的观点，发表了大量的著述和演讲，因而逐渐扩大了影响。人们把他们称为"名著仔"（Great Book Boys）。爱德勒对这个称呼不太满意，提出他们应该被称为"永恒主义者"（Perennialists）。"永恒主义"便因此而得名。这一传统的教育流派，也称新古典主义教育。新古典主义教育流行于20世纪50年代的英、法等国，之后逐渐衰落。

赫钦斯在芝加哥大学任职期间，主持了美国高等教育史上最激进、最彻底、最全面的通识教育改革，主要有两项内容：① 推行"芝加哥计划"（芝加哥大学新计划，New Plan），对大学课程进行修订改革。② 为更好地实施通识教育，推行"名著教育计划"。赫钦斯的教育改革对美国乃至世界的教育界均产生了极大的影响。

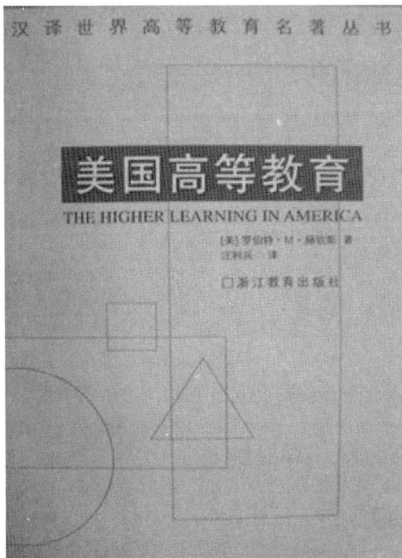

为了推进改革，1936年赫钦斯出版了《美国高等教育》一书，他强调"理想的课程必须包括西方世界的伟大名著"，"阅读、写作、思考、演说的艺术"以及"数学"。赫钦斯成立了人文课程文员会（The Committee on the Liberal Arts），重新探讨古代"七艺"在现代教育中的地位，形成一个以学习西方文明的"伟大名著"为基础的课程框架。从1943到赫钦斯离任前的1950年，芝加哥大学的通识课程主要有14个序列课程，在这14个序列课程中，包括三年人文课程、三年社会科学课程、三年

图 3-2 《美国高等教育》，[美]罗伯特·M.赫钦斯，浙江教育出版社出版

自然科学课程、一年数学课程（可以多选一年）、阅读与写作课程、外国语（选修）、历史，O.I.I（观察 Observation、阐释 Interpretation 与综合 Integration）。1946 年后，这一课程体系渐趋稳定，本科课程更多地体现了赫钦斯的"经典名著课程"模式。比如，人文学部的课程内容包括一系列艺术、文学方面的经典名著，尤其是四年级开设的历史课和 O.I.I 课程，在其阅读书目中，更是悉数囊括了柏拉图、亚里士多德、托玛斯·阿奎那、圣·奥古斯汀、培根、但丁、康德、牛顿、笛卡儿、卢梭、爱蒙德·柏克、约翰·密尔等伟大思想家的著作。此外，在生物科学领域，赫钦斯的思想赢得了课程专家施瓦布（Joseph J. Schwab）的支持，在自然科学课程中引入了一些伟大科学家，如阿基米德、达尔文、伽利略的经典原著，以及很多第一手的论文资料，引导学生去探索问题的起源，体会科学发现的过程，而不是仅仅通过科学实验的方法展示科学的结论。

　　20 世纪 40 年代，在赫钦斯等人的努力下，美国"经典名著阅读运动"兴起，面向成人的名著讨论活动已成为席卷全美的一种强大力量。就连芝加哥市长也宣布举办"名著周"，人们都投入到名著阅读、讨论和学习的热潮中去。同时，赫钦斯为了全力推行"名著教育计划"，组织成立了"西方名著编纂咨询委员会"，并出版了多达 54 卷的大型丛书《西方世界伟大著作》[①]。1947 年，他与名著教育的"名著仔"们开始通力合作编辑 54 册的《大英百科名著丛书》。该丛书罗列了 74 名作者，共选 7433 本名著，列出了 102 个伟大观念。这套丛书于 1952 年出版，先后售出将近 100 万套。虽然赫钦斯在芝加哥大学的名著课程实践活动受到了很多的阻碍，但圣约翰学院为赫钦斯提供了实践名著教育理念的有利条件。赫钦斯在圣约翰学院实施了"百本名著计划"，开启了美国使用经典名著作教材的序幕。在圣约翰学院通识教育传统的基础上，赫钦斯在圣约翰学院的名著课程改革取得了成功，"百本名著计划"也连续实施了多年。圣约翰学院成为全美国采取百本古典名著作教材的第一所高等学府，拉开了美国使用经典名著作教材的序幕。[②]

---

① 崔姣姣. 赫钦斯名著教育实践探析［J］. 科教文汇（下旬刊），2014（3）：40–41.

② 方婷. 对"西方名著阅读运动"的思考［J］. 内蒙古师范大学学报：教育科学版，2006（5）：138–140.

赫钦斯对美国高等教育中流行的实用主义、功利主义、职业主义深为不满，认为它导致了高校课程的支离破碎和统一性的丧失，造成了学科界限，阻碍了学科间的交流。赫钦斯认为，学生应先接受自由教育，先具备一个"人"的条件，而后才接受专业教育，再养成其专门的职业才能。这种教育最好的方式就是通过古典名著来进行。

赫钦斯于1951年从芝加哥大学校长之位离职，芝加哥大学名著课程停办。但赫钦斯给芝加哥大学留下了丰富的精神遗产。在赫钦斯离职10年后，历史学家何炳棣来到芝大担任教授，还依然能够感受到赫钦斯的影响。在其回忆录《读史阅世六十年》中写道：赫钦斯不懂纯粹科学与应用科学之相互补益牢不可分，使芝大长期科研教学吃了大亏，在担任校长期间成为美国高教最富争论性的人物[1]。但赫钦斯设立的名著课程和自由教育项目也确实培养了一批人才，社会学家爱德华·希尔斯、大卫·里兹曼、小巴林顿·莫尔、丹尼尔·贝尔，历史学家雅克·巴尔赞、威廉·麦克尼尔，还有艾伦·布鲁姆等都是他的学生。作为运动的名著教育衰落了，但是经典著作阅读作为一种突破功利主义和实用主义大学教育的经典形式却留存了下来。

（二）哥伦比亚大学的经典教育

美国芝加哥大学在20世纪三四十年代发起了"经典名著运动"（The Great Books Movement），将名著课程改造为一种理论、方法和模式，影响非同凡响。若从时间起点来看，哥伦比亚大学才是美国通识教育经典阅读课程的第一个尝试者。从1919年起，哥伦比亚大学就开设了通识教育经典核心阅读课程"当代文明"（Contemporary Civilization）和"文学人文"（Literature Humanities）两门课程。这两门课的教学内容都以经典阅读为基础。此后，至少有30所学校开始竞相效仿哥伦比亚大学的名著课程。"当代文明"是全美最古老的核心课程，其课程委员会每隔几年就会进行反思和调整，在长期探索中形成了以经典课程为特色的通识教育模式。

哥伦比亚大学基于其对通识教育理念的坚守，始终采用经典课程为主的核心课制度。经典课程是发展个人理性、训练社会公民的最佳媒介，通识教育不应是

---

① 何炳棣.读史阅世六十年［M］.桂林：广西师范大学出版社，2005：320.

辅助课程而应当是基础课程，其目标是提高个人素养，以推动整个社会的可持续发展。通识教育的关键是要让所有学生具备一些必不可少的共通能力，例如，"当代文明"课程培养学生的批判思维能力，"人文"课程培养学生的历史分析和审美能力。经典著作和重要的社会思想通过课程为学生所知，在价值观上达成共识，有效地增强了社会凝聚力。哥伦比亚大学出于一种内生需要和非功利性目的推动核心经典课程，提出之时正逢专业主义当道，在这样的背景下不屈不挠地坚持通识理念实属不易。

芝加哥大学和哥伦比亚大学是高等教育史上以经典教育为根本实施通识教育的两所典型高校。经典教育作为通识教育的一种范式，一直延续至今。天普大学（Temple University）在 1995 年设立了旨在北美地区，后来面向全世界的推动人文科学核心文本课程的"核心文本课程协会"（The Association for Core Texts and Courses，ACTC）。该协会的高校成员从 1996 年的 12 所，增加到 2016 年的 71 所。其中包括积极倡导通识教育的综合性大学，如哥伦比亚大学、芝加哥大学、耶鲁大学、波士顿大学、纽约大学，也包括一些以经典教育为特色的小型文理学院，如提供四年全名著课程的圣约翰学院、托马斯·阿奎那学院等；还有亚洲推行名著课程的代表性高校香港中文大学[①]。核心文本课程（Core Text Curricula），即我们一般所说的名著课程或经典阅读课程。它是指以阅读名著为主要教学素材、以小班讨论为主要授课方式的课程，主动、反思与合作学习是其主要特征。经典阅读可能以选修课的形式出现在分布选修体系中，也可能以核心课程的方式出现[②]。

二、中国通识教育中的经典阅读教育

我国古代教育主要以"四书五经"为经典。此外，《史记》《汉书》等二十四史及其他史书也是经典之作，为学者必读之书。但是我国古代的经典教育内容较

---

① 李雅，费王开.论经典阅读与高校通识教育的关系——基于苏州大学通识教育课程改革的调查［J］.高校图书馆工作，2018，185（3）：85–90.

② 徐岚.基于经典阅读的通识教育——以东西方两所推行核心文本课程的高校为例［J］.复旦教育论坛，2016，14（1）：31–37.

图 3-3 梁启超的《国学入门要目及其读法要籍解题及其读法》

窄，也多为科举考试和维护礼仪制度之需。进入到近现代之后，经典阅读教育才具有真正的意义。

民国时期高等教育制度建立后，北京大学校长蔡元培推行"思想自由、兼容并包"的办学方针，在我国高等教育界提出了最初的通识教育理念。在引入西方科学与文化，建立现代高等教育制度，传统教育和新式教育更替的历史阶段，尤其是 1919 年新文化运动之后，新教育制度逐渐建立，白话文盛行，中国的传统经典已经不再成为学生学习的主要内容。在这样的背景下，青年一代对传统文化的认识和继承引起了教育界和学界的广泛关注。传承中华文明，阅读传统经典，成为了我国近现代通识教育思想的核心。1923 年，梁启超为即将赴美留学的清华学生开列《国学入门要目及其读法》，书目包含 160 种国学著作，又考虑到青年学生"校课既繁""所治专门"，精简成含书 20 余种的最低限度之必读书目：《四书》《易经》《书经》《诗经》《礼记》《左传》《老子》《墨子》《庄子》《荀子》《韩非子》《战国策》《史记》《汉书》《后汉书》《三国志》《资治通鉴》（或《通鉴纪事本末》）《宋元明史纪事本末》《楚辞》《文选》《李太白集》《杜工部集》《韩昌黎集》《柳河东集》《白香山集》。梁启超认为："以上各书，无论学矿、学工程……皆须一读。若并此未读，真不能认为中国学人矣。"梁启超希望清华留学生通过阅读中国传统经典，培养良好的国学根基，强调塑造理工科学生人文素养的重要性。汪辟疆在中央大学国文系任教 38 年，教授读书指导课程，曾三次开列阅读书目。1926 年，他列举了国学基本书 135 种，其中 30 种图书是"纲领书"，抗战期间开列选读书目 20 种，1942 年开列了包含 10 种图书的"最切要"的"源头书"：《说文解字》《毛诗正义》《礼记正义》《荀子》《庄子》《汉书》《资治通鉴》《楚辞》《文选》《杜诗》。1942 年，在西南联大任教的朱自清，写成《经典常谈》一书。该书用 13 篇文字要言不烦地介绍了华夏民族文化，数千年文化典籍的精粹，旨在启发学生阅读经典的兴趣。1946 年，钱穆在西南联大给研究生开列《文史书目举要》，收书 24 种。1978 年，他在香港中文大学新亚书院的讲座中指出，有 7 部书是"中国人所人人必读的书"：《论语》《孟子》《老子》《庄子》《六祖坛经》《近思录》《传习录》。①但是民国时期，高等教育体系并不健全，没有形成通识教育系统，经典阅读更多的是传统文化的传承和延续。

现代通识教育已然形成体系，经典阅读在教育体系中的作用日益显现。香港中文大学的通识教育实施较早，也比较成功。香港中文大学的通识教育课程包含"大学通识"和"书院通识"两

图 3-4　《经典常谈》，朱自清著，北京大学出版社出版

部分，大学通识分为"通识教育基础课程"和"大学通识教育四范围"。其中"通识教育基础课程"是所有本科生的必修课程，采用的是经典教学的方式。通过阅读中外经典，采用小组教学，通过读、写、讨论等方式，扩大学生知识面，养成良好的学习习惯，为大学学习奠定基础。该课程从 2009 年开始试行。通识教育基础课程由两个必修科目组成，分别是反省理想社会与美好人生的"与人文对话"，以及探索科学与知识世界的"与自然对话"，主要内容见表 3-1，表 3-2。这其中有沃森（James D. Watson）的《DNA：生命的奥秘》。DNA 结构的发现只有 60 多年，因为考虑到这项研究发现的重要性，所以此书仍然得以入选，由此可见，历经的时间长短不是经典选择的标准。另外，《寂静的春天》的作者卡森（Rachel Carson）并不是科学家，但她对世界的影响非常大，让世界有了环境保护的概念，明白科学不是一味带来好处，并思考人与自然要如何和谐相处。可见，经典文本中自然科学探讨的最重要的问题仍是人的发展，更关注的是科学推理的能力及其人文意义，而不是技术知识之类的事实变化。进一步说，经典课程的目标是塑造自由人而不是与职业有关的劳动工具，即"育人"而不是"制器"。经典教育就是要塑造人，培养一种思维能力，并构成终身学习的重要基础。

① 李雅.论经典阅读在大学通识教育中的作用 [J].高校图书馆工作，2017（2）：14-18.

表 3-1　与人文对话经典教材表

序号	内容分类	篇目
第一部分	自我与人的潜力	荷马《奥德赛》节录 柏拉图《会饮》 亚里士多德《尼各马可伦理学》节录 孔子《论语》节录 庄子《庄子》节录
第二部分	信仰与人的限制	一行禅师《般若之心》 《圣经》节录 《古兰经》节录
第三部分	建制中的自我	黄宗羲《明夷待访录》节录 卢梭《社会契约论》节录 亚当·斯密《国富论》节录 马克思《1844 年经济学哲学手稿》节录

表 3-2　与自然对话经典教材表

序号	内容分类	篇目
第一部分	探索物理宇宙	柏拉图《理想国》节录 戴维·林德伯格《西方科学的起源》节录 科恩《新物理学的诞生》节录 牛顿《自然哲学的数学原理》节录
第二部分	探索生命世界	达尔文《物种起源》节录 沃森《DNA：生命的秘密》节录 卡逊《寂静的春天》节录
第三部分	对科学的反思	彭加勒《科学与方法》节录 埃里克·坎德尔《追寻记忆的痕迹》节录 李约瑟《中华科学文明史》节录 席文《何以科学革命不曾在中国发生——或者难道它没有发生吗？》 沈括《新校正梦溪笔谈》节录

在中国大陆地区，1995 年，国家教育部门在 52 所高校开展加强大学生文化素质教育试点工作，这标志着我国高校通识教育的起步。2003 年 11 月，清华大学、东南大学、华中科技大学在首届中国人文教育高层论坛上发出《关于在高等学校进一步开展文化经典阅读活动的倡议书》，倡议全国高校师生通过阅读经典

名著，提高自身文化修养。2006 年 4 月，"中文学科通识教育改革——中国古代文学教学与研究研讨会"在上海大学举行。与会的专家学者提出，应打通文学学科与其他学科的教研，致力于培养全面发展的人；同时强调经典阅读，呼唤教学中对经典原本的回归。许多高校将经典阅读纳入通识教育实践中。2000 年，北京大学王余光教授开设"中国名著导读"课程，为不同专业的学生讲授中国传统文化的经典名著；2000 年后，武汉大学人文学院创办"国学试验班""中西比较哲学试验班"，旨在倡导经典原著的阅读；2005 年，复旦大学设立复旦学院实施通识教育，将"文史经典与文化传承"纳入核心课程体系；2009 年，中山大学创立博雅学院，引导学生广泛而深入地研读中西方经典著作。这些尝试进一步加深了我国高等教育界对经典阅读的重视。

古今中外的各个知识领域中那些典范性、权威性的著作历经时间的流逝而传于后世，是为经典。经典丰富的内涵、蕴含的人类普遍而超越（非功利）的审美价值和道德价值，恰恰是通识教育所追求的。两者的结合成为一种必然，经典阅读成为了通识教育的核心和内在需求。经典阅读可以实现通识教育的目的和作用。首先，经典作品包含了丰富的知识和深刻的思想，是先哲智慧的结晶。阅读经典可以开阔视野，涵养性情，培养积极向上的兴趣爱好。例如，《论语·阳货》中有孔子鼓励学生学习《诗经》的记载，认为"诗，可以兴，可以观，可以群，可以怨。迩之事父，远之事君；多识于鸟兽草木之名"。学生们通过阅读去经历未曾经历过的生活，去认识、了解各种人物的复杂情感和个性，学习为人处世的道理。其次，经典作品立意深远，内涵丰富，这就要求学生在阅读时必须全身心地投入才能有所收获。在阅读过程中，思想游走在先哲著作的字里行间，时而提出疑惑进行求索，时而举一反三联系辨证，仿佛在不断地与大师进行对话。这样的过程是对学生思维能力极佳的锻炼，长期坚持必然会促进其思想发展。再次，经典作品丰厚的思想内涵与艺术魅力，具有启迪智慧的持久影响力。阅读经典为学生提供精神发育中重要的营养素，有助于其人文素养、道德水准、思辨能力与审美水平的提高，促进其全面发展，形成更为健全的人格 ①。

---

① 李雅，费王开.论经典阅读与高校通识教育的关系——基于苏州大学通识教育课程改革的调查 [J].高校图书馆工作，2018，185（3）：85–90.

总之，无论以何种形式或向度出现，经典阅读是通识教育的核心和内在需求，是中外教育界共同的认知。通过经典名著教育接受语言和思维的训练，并获得深刻的文化教养，理解和欣赏人类思想所能达到的高度，以及在这种崇高理想中所包含的我们生存的道德维度；在名著教育中去感悟人性、价值和真理，从而为有着不同生活的人提供正确的生活方式，劝勉自己正确行事，避免错误。甚或作为思考者在名著教育中探讨关乎人类生存和最好生活方式的真正大问题，并致力追寻最美好生活，以及在追寻美好生活与现实生活之间的张力中以一种特别的方式进行理性行动和道德实践，这些在经典阅读教育都将成为抵抗利己主义的武器，为我们在现实社会中铸造信念的"护身符"①。

第三节　经典阅读推广策略与方式

一、设计和优化通识教育的经典阅读课程

我国的通识教育课程体系，大部分为分布式学分选修课模式，少数采用核心课程模式。对于课程体系建设而言，经典阅读推广的一个重要方式就是在建设教育课程体系时加大、完善和优化经典课程的设计：改变大而全的通识课程设置，建设共同核心经典课程，将经典阅读为主的通识教育作为专业教育的前提；以经典为基础，融合不同专业教学力量的通识课程模块化建设。

美国高校和中国香港地区高校建立通识教育"共同核心课"研读经典的方式值得借鉴。高校可以在有限的通选课学分范围内，重点建设几门"共同核心课"。国内通识教育的积极推动者、香港大学亚洲研究中心研究员甘阳教授曾提出设计5门"共同核心课"作为通识教育课的"纲"，分别是"中国文明史""中国人文经典""中国古代汉语""西方人文经典""西方文明史"，每门课代表一个门类，下列具体课程作为"目"，由此逐步建立通识教育的经典核心课程。2012年4月，复旦大学进行新一轮通识课程改革，将原有的180

---

① 张斌贤，王晨.赫钦斯与芝加哥大学名著教育［J］.教师博览，2012（11）：41–43.

门通识教育核心课程全面梳理整合，构建 50 个"基本课程单元"，由不同学科和专业的教师共同规划同一个单元的课程，共同研讨教学读本。复旦大学设计的"基本课程单元"，让每一个模块里的课程相对逻辑化，课程之间构成了内在的关联。比如，在第一模块"文史经典与文化传承"里就有经学传统、诸子经典、史学名著、古典诗文等七个课程单元，每个"基本课程单元"都有它的说明和这个单元课程应该达到的目标。这一改革实践就是对"核心课程"理念的良好尝试[①]。

二、建立科学有效的教学方式

经典著作内容丰富，思想深刻，是文明传承的主要载体。而其中的很多内容已经成为一种普世价值观，深深植根于人们的日常生活、行为准则和思想感情中。经典著作可分为学科专业经典读物和人文通识经典著作。对于学科专业经典著作，可以参考专家学者的推荐，或邀请专业课任课教师推荐专业必读书目，结合课程讲解与考试来提高大学生的重视程度。人文经典著作包括文学名著、历史类经典著作、哲学经典著作、艺术类经典作品等。对于人文经典著作，由于部分经典著作语言晦涩，学生自身的阅读理解能力有限，所以会出现难以读懂的现象。还有部分经典著作年代久远，学生不了解其时代背景，难以与其产生共鸣，造成学生虽然想读，却读不进去的现象，又或者没有阅读的氛围。这就需要教师对经典内容进行讲解和分析，学生结合自身的阅读和思考，以及对当今社会的认识，能够有创造性的体悟和发现。但是，经典课程的教学方式如果从头到尾都以教师大课讲授为主，教学方式呆板，时间久了就很难引起学生对经典的兴趣。因此，经典阅读推广需要采用多元、灵活的教学方式。例如，以学生为主导，分小组进行互动讨论；形成助教制度，由助教带领进行小班讨论；或者以教师为主导，分组讨论、助教制度三者相结合。通过多种教学方式，培养学生主动学习的态度，以及发现问题、分析问题和解决问题的能力，这与通识教育对创造性思维培养的目的是一致的。

在课程之外，还可以采取更多灵活的经典学习方法，做到第一课堂与第二

---

① 李雅.论经典阅读在大学通识教育中的作用［J］.高校图书馆工作，2017（2）：14-18.

课堂的结合。有些大学生更倾向于通过由原著改编成的影视作品的方式来了解经典。比如，高校《疫苗改变世界》的任课教师如果以某疫苗为主题，辅之以电影、文学、小实验会更通俗，更吸引学生，教育的效果也会更好。此外，高校还可以以推荐经典阅读书目以及相关文献、图书馆设立经典阅读空间、举办经典阅读征文比赛、开展经典著作导读和举办读书会、讲座及经典读书小组等方式引导学生参与经典阅读。以沈阳师范大学为例，为了推广经典阅读，该校图书馆从 2010 年以来先后成立阅读推广部，开设经典阅览室，组建"阅读推广人"团队，定期推荐历史、文学和专业三种类型的经典阅读书目。对空间布局进行了改造，设立"经典诵读"空间，为学生提供无线网络、专业设备和展示平台，举办古诗文书展、国学书展、善本古籍书展，以充分展示经典文献。举办讲座和读书会，如举办"一分为二《道德经》""心中有爱说《论语》"等读书活动。开展主题式经典阅读活动，通过书展、读书嘉年华、影视展、短剧展演等多种形式开展某一主题的宣传活动，如在纪念莎士比亚逝世 400 周年之际，该馆以莎士比亚经典作品为主题开展各项活动并且指导学生阅读。举办经典名篇朗诵会和古文诵读比赛等。通过以上丰富的阅读推广活动激发学生的阅读兴趣，并取得了良好的效果①。

三、编制经典阅读教材

1909 年《哈佛经典文集》出版，时任哈佛大学校长的艾略特博士说，必须每天阅读这套经典文集 15 分钟，才能真正实现"人文教育"的目标。即使到今天，这套选择了数百名作家的数百部作品的 50 卷经典文集仍为许多人阅读和珍藏②。

赫钦斯在编制经典教材方面做出了很大努力，他和艾德勒编选了在西方产生了很大影响的《西方世界经典著作》，这套书选收了柏拉图、亚里士多德、弗洛伊德和威廉·詹姆斯等数十位西方经典作家的著作。这套书出版后很受

① 张晓丹.高校图书馆经典阅读推广服务的方式与思考［J］.新闻研究导刊，2017，8（21）：274-275.
② 中国比较文学编辑.经典的解构与重建［J］.中国比较文学，2003（1）：36-37.

欢迎，到现在还在出版。赫钦斯特别强调西方经典名著在大学教育中的地位。他在马里兰州圣约翰学院制定的"圣约翰教学计划"，大大扩充了西方经典名著的数量，并编辑了一套系统的西方经典名著教材。60 卷本的《西方世界经典著作》（修订版）今天依然是许多高校乐于选用的教材。《不列颠百科全书》编委会主席 M. 亨利先生主编了《西方世界的伟大著作》137 卷，这些经典作品指引了学生。

我国高校应该集合各方力量，向欧美高等院校学习，编制经典阅读教材。例如，1997 年的《大学生文化素质教育百部名著导读》（武汉大学出版社），2002 年陈继征、张思锋的《中外名著精义大学生阅读书目》（西安交通大学出版社），2018 年靳义增的《中国文化经典阅读教程》（华中科技大学出版社），2015 年李海涛的《中华传统文化经典选读》（高等教育出版社）等。

四、编制和推荐经典书目

在古今中外浩如烟海的经典著作中，选择一批适合通识课教学、适合学生阅读的经典十分重要。高校也可以根据各自学校的特点，编制经典作品的"标准选目"，供全校师生选用。国外高校在多年的通识课程教学实践中已经形成了"经典作品的标准选目"，如哥伦比亚大学"文学人文"和"当代文明"两门课程的经典作品目录。我国通识教育课程建设在短期内无法达到国外高校的成熟度，但可以汇集各方面力量，厘定经典阅读的标准选目，供通识课程师生选用。例如，电子科技大学高度重视并采取一系列措施来提升学生的人文与通识素养，培养学生的"新四会"能力，为培养精英人才和领军人物奠定基础。该校已打造由"核心通识课程体系""新生研讨课""成电讲坛""成电舞台""校外优质通识类 MOOC"和"经典 60"阅读等构成的具有成电特色的通识教育体系。"经典 60"阅读现已纳入《电子科技大学本科人才培养方案全面修订指导意见（2016 年 10 月）》，成为学校通识教育体系的重要组成部分。教务处和图书馆面向全校本科生联合发布"'经典 60' 阅读推荐书目"。该书目是在向学校通识教育委员会专家、全校各单位专家征集推荐书目并开展广泛调研的基础上，经通识教育委员会专家反复研讨而最终形成的。该书目涵盖文、史、哲、社会科学、艺术、数学与自然科学等相关领域适合通识教育的经典著作 60 部（种）①。学生通过阅读从柏拉图到卢梭、从孔子到毛泽东等经典作家的著作，与伟大心灵对话，开启思想的大门。

---

① 电子科技大学．学校发布"经典 60"阅读推荐书目 提升学生人文与通识素养［EB/OL］．［2019–06–02］．https：//news.uestc.edu.cn/?n=UestcNews.Front.Document.ArticlePage&Id=56163.

第四讲
面向通识教育的高校图书馆阅读推广

第一节　面向通识教育的高校图书馆

高校图书馆是书籍的海洋，是知识的殿堂，是高校的文献信息中心、知识中心和活动中心，与教师、实验室并称为高校的"三大支柱"。高校图书馆是大学课堂教育的延伸，是第三课堂的主要阵地，是连接校园和社会的桥梁，是"没有围墙的大学"。图书馆在辅助通识教育和进行阅读推广活动方面具有强大的优势：图书馆的书刊资源是通识教育和阅读推广的基础和知识宝库；图书馆有优雅的学习环境、浓厚的学术氛围，可对学生进行潜移默化的感染和熏陶，激发他们的上进心和求知欲；图书馆教育的方式既是有形的，也是无形的，教育具有生动性、灵活性和多样性特点——通过传统的借阅服务、现代化的网络服务，以及书展、讲座、交流、联谊等第三课堂活动，来提高学生的通识知识水平。

一、高校图书馆是通识教育的知识宝库

通识教育的目的是让学生掌握的知识既广博又融通，高校需要为文科学生开设必需的、基本的理工和自然的科学课程，同时为理工科学生开设基础的人文课程，以克服专业教育带来的片面性与局限性，使学生获得合理的知识结构的培养，

成为品德高尚、身心健康、文理兼备的通才型、复合型高素质人才。因此，通识教育的具体教学内容必须覆盖文、理、工、商、艺等各学科门类知识。图书馆拥有丰富的纸质资源、电子资源和特色资源，正是通识教育的知识宝库。

首先，高校图书馆的资源涵盖的学科范围广。从资源的学科广度来看，高校图书馆收藏的图书一般范围会很广，涵盖社会科学、人文科学和自然科学等领域，包括哲学、政治、经济、法律、文学、艺术，以及自然科学、数理科学、天文、医学、农业等。足够的学科广度可以为通识教育的融会贯通提供基础。其次，高校图书馆资源层次丰富。高校图书馆既有各种科普基础读物及经典读物，还有各门类教科书及参考资料，更有博大精深的中外学术著作。学生可以从图书馆资源中汲取丰富的通识教育基础知识；随着学习的深入，学生的研究能力不断提高，可以进一步阅览内容艰深的图书，例如西方古典著作、中国古代经书和史书等。再次，高校图书馆为通识教育提供了多元化载体的资源。图书馆除了有基础的现代纸质图书和期刊，还有适合传统文化教育的古籍碑拓和民国文献。此外，多媒体的视听资料、购买或自建的数字资源，如中国期刊网、Web of Science、机构知识库等数据库。这些数字资源的获取方式便捷，能够满足信息化时代学生对通识教育的要求。总之，高校图书馆丰富多样的馆藏资源，适合不同学科层次、不同兴趣类型的学生从中获得求知解惑的需求，拓宽知识面，改善能力结构，达到通识教育的目的。例如，北京大学（以下简称"北大"）是一所以人文社科为主的综合性大学，通识教育特别依赖图书馆的资源。北大馆馆藏规模宏大、种类齐全、特藏丰富、珍品众多，文献资源累积量约1100余万册（件），其中纸质藏书800余万册，以及大量引进和自建的国内外数字资源，包括各类数据库、电子期刊、电子图书和多媒体资源约300余万册（件）。仅以支持经典阅读的传统古籍特藏资源为例，馆藏中有150万册中文古籍，其中20万件是5~18世纪的珍贵书籍，是中华民族的文化瑰宝。北大馆的外文善本、金石拓片、1949年前出版物的收藏均名列中国国内图书馆前茅，为研究者所珍视。此外，还有燕京大学学位论文、名人捐赠等特色收藏。学生在北大古籍馆可以阅览"琳琅秘籍"中的经典古籍，在总馆可以欣赏胡适、宿白、季羡林等历史名家的藏书。丰富的馆藏为北京大学的通识教育、科学研究都打下了坚实的基础。

二、高校图书馆是通识教育的重要空间

高校图书馆不仅是藏书汗牛充栋，为学校师生提供图书借阅服务，而且还为教师学生提供了阅览空间。在移动互联网时代，由于知识获取渠道的网络化和社交化，读者的服务需求发生了改变，冲击着图书馆的发展。图书馆服务模式发生了变化，被动服务变为主动服务；阅览空间改造为信息空间；虚拟信息空间也构建起来。在此基础上，图书馆空间理念进一步发展，开创性地进行空间上的探索和转型。高校图书馆空间再造后，图书馆空间职能的转型方面主要表现为：①通过空间改造及基础设施、技术设备建设为学生提供学术合作场所，关注图书馆空间及设施在帮助学生取得成功过程中的作用，并以此为据设计空间内的服务。② 整合空间及服务，通过学术社区建设、教学及科研支持服务提供集成的知识基础设施，推动学术交流、互动及合作，充分融入用户知识学习和创新过程，进而推动院校知识化进程。①

高校图书馆空间再造与服务最早起源于美国 1992 年爱荷华大学图书馆的"信息拱廊"，现已发展成为信息共享空间、学习共享空间、研究共享空间和创客空间等多种形式，图书馆空间服务从信息共享，向为综合性的学习与知识创造提供支撑转变。例如，新西兰怀卡托大学（University of Waikato）图书馆战略规划中提出提供学习和休闲空间以满足所有用户的多样需求；新西兰梅西大学（Massey University）图书馆在战略规划中指出，图书馆应主动地给动态的、创造性的学习空间以优先权。国外高校图书馆关于空间服务的愿景说法不一，但是都希望能够创造一流的空间服务来满足用户的学习、交流和科研需求。国内清华大学、北京大学、中国人民大学、浙江大学、武汉大学等高校图书馆都建设了信息共享空间（或学习共享空间），旨在以用户为中心，营造一种协作式和交互式的学习空间。学校图书馆建成的服务空间集新技术体验和数字阅读功能于一体，为学校师生的教学、科研、学术交流及社交休闲提供服务。

---

① 孙东琴. 高校图书馆空间服务发展研究［J］. 新世纪图书馆，2016（2）：34–37.

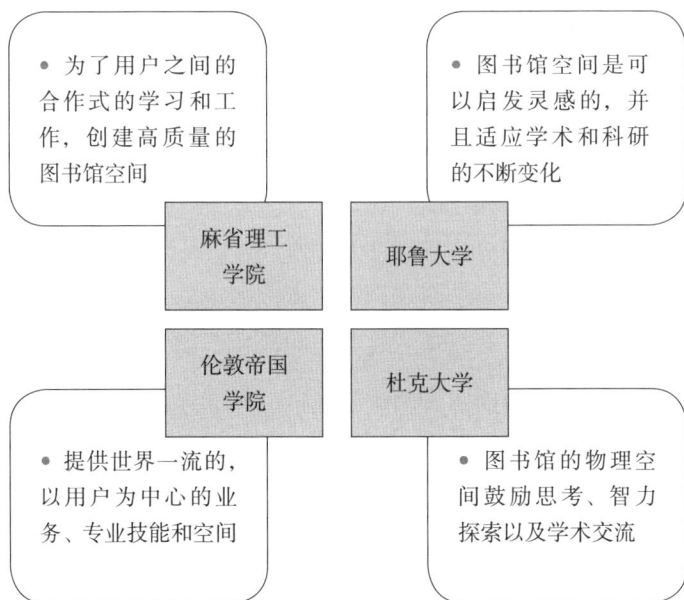

图 4-1　国外高校图书馆关于空间服务愿景图 ①

图书馆空间服务为学生同时提供了实体与虚体、环境与资源、技术与服务、学习与交流、休闲与体验的服务，营造了以人为本、协同创新的生态空间。现代的大学教学理论认为，学生是教学过程的主体，所以通识教育不仅可以是教室中的课程式学习，也可以是学生自主学习、讨论式学习、网络课堂式学习。那么，学生独立自主学习的主课堂在哪里？图书馆提供了良好的空间服务。在图书馆的各类空间里学习，如自习室、研讨室、信息空间、创客空间等，学生能充分发挥学习的主动性和积极性，获得最佳的学习效果。

三、高校图书馆服务是通识教育的有效支持

随着计算机技术、通信技术、网络技术和移动技术的飞速发展，图书馆的服务也发生了巨大变化。图书馆从传统封闭式、被动式服务朝着开放式、主动式、一站式、多元化的服务方向发展，在服务模式上经历了借阅服务、信息服务、知识服务、移动服务到数据服务的演变。这些服务在不同的历史阶段都有效地支持了通识教育。

---

① 安娜，凌征强．高校图书馆空间再造与服务转型研究——以供给侧结构性改革为视角［J］．图书馆工作与研究，2018（3）：22—26.

图书馆的借阅服务是图书馆的传统基础服务。教师和学生通过本馆的借阅服务或馆际互借服务获得自己需要的书刊。例如，中国人民大学图书馆除了开展本馆的借阅服务外，还开展了两类馆际互借服务。一类是中国人民大学与北京其他高校图书馆的馆际互借。中国人民大学图书馆与北京三环附近的 37 所高校包括北京理工大学、北京邮电大学、北京师范大学等大学达成"馆际互借协议"，相互之间可以进行实体图书的借阅。此外，中国人民大学图书馆与中国国家图书馆、北京大学图书馆可进行馆际互借。另一类是中国人民大学与各种图书馆联盟之间开展馆际互借。作为"北京高校文献资源统一检索系统平台"（BALIS）的成员馆和原文传递中心，中国人民大学图书馆不仅为本校师生也为北京市 BALIS 成员馆读者提供馆际互借服务。同时，中国人民大学图书馆与"中国高等教育文献保障系统"（CALIS）的成员馆、"大学数字图书馆国际合作计划"（CADAL）的成员馆之间进行馆际互借。通过馆际互借，中国人民大学的师生不仅能利用北京地区，而且还能利用全国大多数地方高校图书馆的资源。

图书馆的数字资源服务是信息化时代为读者提供的有效服务，正是数据库资源的利用改变了读者必须到馆的传统。图书馆根据大学的学科体系和师生需求，建设了自己的数字资源体系。数字资源体系包括馆藏目录（OPAC）系统、中文数据库、外文数据库、机构知识库、自建特色数据库等各类数字资源。数字资源的服务方式主要是检索、下载，读者通过统一检索获取自己需要的数字资源。由于各类数字资源的元数据多为异构、离散的数据，而数据库的种类又很多，有时高校图书馆的数据库子库多达一千多个，非常需要通过统一检索系统来整合、检索 OPAC 和数据库资源，给读者提供"一站式"服务。例如，中国人民大学图书馆就购买了超星的统一检索系统进行中文知识检索，检索结果包括本馆书目数据、大部分中文数据库资源；还购买了 EBSCO 检索平台来整合外文资源的数据库资源。当前，图书馆数字资源服务和移动服务相结合，使得图书馆进入了移动图书馆时代，真正实现了服务泛在化，读者可以在任何时间、任何地点获取自己所需要的信息和知识。

图书馆知识服务是相对传统信息服务而言的，是图书馆运用知识资源和智慧开展的高层次的信息服务。知识是人脑通过思维重新组合的、系统化的信息集合，是对信息的加工、吸收、提取和评价的结果。如果说信息服务人员介入用户过程并成为用户团队中的一员，起到支撑服务团队文献信息资源的作用，那么知识服务就是用户驱使服务，关注"是否通过我的服务解决了您的问题"，致力于帮助用户找到或形成解决方案。首先，图书馆知识服务的主要内容有：图书馆服务咨询、提供文献资源荐购和文献推送、提供学科分析和学科导航、学科前沿报道和学科综述、信息检索和信息素养课程教学、科技查新和引文查证等服务。其次，在大数据时代，科研数据服务也成为图书馆知识服务的重要内容。随着大数据时代科研环境的转变，科研数据成为现代科学研究的基础性资源，其重要性空前提升，这使得科研活动对于数据的获取和处理变得更为迫切，急需专业的科研数据服务。图书馆积极把握发展契机，为师生提供科研数据服务。再次，计算机信息技术和人文研究相结合，形成了交叉学科领域——数字人文领域，图书馆数字人文服务也成为知识服务的重要内容。在创新交流模式与合作机制支持下，图书馆和院系的数字人文研究人员形成学术共同体，共同推进数字人文研究。

四、图书馆拓展了通识教育的教学形式

图书馆是通识教育的第二课堂，能丰富通识教育的教学形式。从教学组织形式上看，要实现大学通识教育目标，就必须突破传统教学对于课堂的依赖，要从教师传授型教学的单向性、课堂式教学的封闭性向多维性、开放性转变，将教学活动的空间扩展至教室以外的图书馆这个更广阔的天地。图书馆提供了学习和研究空间，能让学生按照一定的教学要求自己到图书馆去学习、交流和研究，变被动学习为主动学习，变硬性灌输为极富吸引力的启发，变消极接受为主动发现事实。大学图书馆除提供独立、灵活的自主学习和研究的教学环境外，还可以经常举办讲座、演讲会、讨论会，举办参观、展览、读书活动、知识竞赛、沙龙等活动。丰富多彩的活动让图书馆成为通识教育的重要教学场所，同时丰富了通识教

育的教学形式。[①]

第二节　高校图书馆通识教育阅读推广分析

一、图书馆阅读推广

20 世纪 90 年代，面对信息时代的挑战，国际图书馆界开始大力开展图书馆营销推广活动，以提升公众对图书馆的认知度。同时，进一步开展以活动为主要特征的阅读服务，提升公众的阅读意愿和阅读能力。图书馆阅读推广就是在这种背景下蓬勃开展起来的。2003 年，中国图书馆学会将全民阅读工作列入年度计划。2005 年，中国图书馆学会成立阅读推广委员会。2006 年，中宣部、中央文明办和新闻出版总署等 11 个部门联合发布《关于开展全民阅读活动的倡议书》。2016 年，中国图书馆学会换届，新一届阅读推广委员会增设多个专业委员会，其中包括阅读推广理论研究专业委员会。阅读推广理论研究专业委员会的任务之一就是跟踪和引领图书馆阅读推广理论的发展。在国家政策和行业学会的推动下，我国高校图书馆人对阅读推广倾注了极大的热情。例如，举办了大学生阅读推广专题研讨会、高校图书馆阅读推广理论与实践高级研修班等，2016 年开始每年召开"全国大学生阅读推广高峰论坛"，开展"阅读推广人"培训行动等，这一切都表明我国高校图书馆阅读推广的实践活动已经处于一个快速发展的阶段。阅读推广服务已成为推动我国高校图书馆事业发展与变革的新引擎。[②]

在高校图书馆阅读推广模式中，推广主体是阅读推广活动的组织者，以高校图书馆为主，多方联动合作为辅。阅读推广开展的具体组织形式，可以是读书讲座、阅读推荐、阅读辅导及网上课堂等具体表现形式。推广内容即阅读推广活动向受众宣传的信息内容，主要由阅读客体及与之相配的阅读服务的情况

---

① 程海霞. 高校图书馆与通识教育［J］. 出国与就业（就业版），2011（14）：240–241.
② 吴高. 基于 5W 模式的我国高校图书馆数字阅读推广研究［J］. 现代情报，2014，34（9）：115–119.

介绍组成。阅读客体可以是从经典文献到多元文献，从纸质文献到数字资源的多类型馆藏资源。推广媒介即推广手段和途径，在现代社会，从传统的纸质文献（如宣传册）、海报、展板等媒介，发展到微博、微信、官方网站等多元化的网络媒介。推广对象即受众，以高校大学生和高校教师为主，可以扩展到校外人员。阅读推广的效果评估是对推广目的的实现程度的检验，从最初简单的活动开展情况总结发展到现在的有一定规模的活动成效检验，开始真正关注读者的阅读兴趣、习惯、质量、能力和效果的改变情况。综上，高校图书馆阅读推广是依附于特定的图书馆时空，以推荐阅读资源和服务、提高高校图书馆的资源利用率和价值影响力为目的，由推广主体、推广活动和内容、推广媒介、推广对象及推广效果评估等要素合理配置和相互作用，从而形成固定组合的高校图书馆服务工作范本。

我们可以通过图书馆阅读推广的历史来了解图书馆阅读推广的概况。2010年以前，高校图书馆就已经出现了基于到馆读者的传统纸质阅读推广活动的实践活动。但是，由于实践活动先于其理论研究，缺乏理论的系统指导，所以实践活动带有自发性和零散性。2010年之后，高校图书馆阅读推广开始成为一个独立的研究领域，并且借鉴社区服务的理念与方法，将相关实践活动推向高潮。随着互联网和多媒体技术的普及，以阅读网、电子阅读器、社区阅读网站等为代表的屏幕阅读方式兴起，阅读2.0环境及技术发展为阅读推广模式创新提供了新元素，进一步拉近了高校图书馆与读者的距离，给传统的纸质阅读方式和经典文献推广模式带来了巨大影响。此时，基于数字阅读的网络阅读推广模式和电子阅读器阅读推广模式得到快速发展。阅读认证、阅读资源共享、阅读教育合作及联合推广等理念进入研究视野，这使得高校图书馆阅读推广上升到了大学生基本素质教育和图书馆价值存在与服务创新的重要地位。2013年，随着互联网等技术的深入发展及微媒体的兴起，高校图书馆利用微信、微博、微播客等社交平台和微内容社区加强了与读者的互动交流。与此同时，以移动互联网为平台，基于手机、平板电脑等各种手持移动设备的新型阅读形式广受人们追捧。在此背景下，面向手机用户的移动图书馆阅读推广模式得到快速发展。2014年，以经典阅读、微阅读、数字阅读为三大阵地，在网络和移动终端、微媒体和传统媒体等的交织作用下，形式多样的阅读推广活动使移动阅读服务不断深入人心。2015 年，随着信息技术发展、全媒体应用及读者需求特点改变等因素的交互影响，体验营销、真人图书、阅读疗法等新的理念被引入高校图书馆阅读推广模式的构建中，结合多元化的主体、媒介、活动等元素形成了立体阅读推广的新模式。2016 年，碎片化学习、"互联网+""5W"传播理论、真人图书馆、大数据文献等新鲜元素丰富了多元化立体阅读推广模式构建的内容，且针对移动新媒体的模式研究也不断具体细化。2017 年之后，全媒体、数字化技术手段、微信公众平台建设等技术问题得到重点关注，大数据、社会化服务、创新创业、微传播等大环境背景也引入研究，给高校图书馆阅读推广模式的构建带来新思路。

　　高校图书馆是阅读推广研究和实践的前沿阵地，是整个图书馆阅读推广体系链条上举足轻重的一环。图书馆学理论引领图书馆人确立阅读推广的方向与目标，支持阅读推广活动策划、实施与评估，帮助图书馆开发新的推广活动与服务资源。阅读推广的丰富实践也为图书馆学理论创新提供了丰富的土壤。国外高校图书馆有以下五种阅读推广模式[1]：① 项目开展式。以计划周密、按阶段推进的项目形式来组织阅读推广活动，如日本创价大学图书馆的"全学读书运动项目"。② 主题活动式。以开展形式多样的读书日、全民阅读等主题活动为主，也结合内容、场地等特殊情景开展具有特色的活动来进行阅读推广，如英国牛津大学博德利图书馆的"What's on"下的多个特色主题活动。③ 阅读教育式。多个高校建立了以"阅读学分制"为主导的高校阅读推广模式框架，如韩国江原大学图书馆的毕业资格读书认证制度。④ 载体创新式。如南洋理工大学图书馆利用手机、iPad 等便携式移动终端和博客、脸书等社交工具推广阅读。⑤ 联盟合作式。国外高校图书馆形成了图书馆界与政府、媒体、出版社、作者、企业等联合推广模式，如英国的西北大学图书馆联盟通过与 Netlibrary 合作，实现联盟馆之间的电子书共享和推广。

　　根据活动主题的不同，我国图书馆阅读推广可以分为基于"纪念日"的阅读推广模式、基于名家讲坛的阅读推广模式、基于校园文化建设的阅读推广模式、基于微书评的经典阅读推广模式等。根据推广场景的不同，可以分为基于馆内的

---

① 李倩，韩晋雅.我国高校图书馆阅读推广模式演化研究［J］.图书情报工作，2018（22）：5–14.

阅读推广模式、基于网络的阅读推广模式、基于馆外的阅读推广模式。根据支撑理论的不同，可以分为基于"5W"传播理论的阅读推广模式、基于阅读疗法的阅读推广模式、基于碎片化学习的阅读推广模式、基于体验营销理念的阅读推广模式等。根据不同的环境背景，可以分为基于微媒体环境下的阅读推广模式、基于新媒体时代的阅读推广模式、基于数字阅读时代的阅读推广模式、基于大数据时代的阅读推广模式等。根据推广主体的不同，可以分为基于高校图书馆为主导的阅读推广模式、基于专家指导和学生组织开展的阅读推广模式、基于高校图书馆联盟促进的阅读推广模式等。根据推广媒介的不同，可以分为基于校园化媒体的阅读推广模式、基于移动终端外借的阅读推广模式、基于移动图书馆的阅读推广模式。[①]

二、高校图书馆通识教育阅读推广

高校图书馆阅读推广活动内容丰富、形式多样，产生的影响也非常大。通识教育是高校教学中的重要内容，因此，面向通识教育的图书馆阅读推广也应该是图书馆阅读推广的重要内容。但是从图书馆阅读推广的研究成果来看，图书馆对此并没有给予太多的关注。实际上，图书馆非常重视经典阅读推广，一直将经典阅读推广作为图书馆阅读推广的重点工作，而经典阅读推广工作实际上就是面向通识教育的阅读推广重要内容之一。那么，我们不禁要问：图书馆通识教育阅读推广与常规的图书馆阅读推广有什么区别？面向通识教育的图书馆阅读推广的重点和难点是什么？

高校图书馆阅读推广的要素有推广主体、推广对象、推广内容和推广方式。具体说来：高校图书馆是通识教育阅读推广的主体；阅读推广的对象是大学生；阅读推广的主要内容是关于通识教育的书刊，特别是经典著作；阅读推广的方式和方法可以灵活多样，包括嵌入课堂、讲座、论坛、读书会等。从阅读推广的要素来看，通识教育阅读推广的主要内容与常规的阅读推广差异在于，两者的阅读推广的主要内容不同，常规阅读推广的内容比较宽泛，无特定的推广内容，而通识教育阅读推广对象指向性很强——主要是通识教育的内容，特别是经典阅读。

---

① 李倩，韩晋雅．我国高校图书馆阅读推广模式演化研究［J］．图书情报工作，2018（22）：5-14.

由于推广内容的特殊性，所以推广的方式和方法也会以独特的或更为注重的方式，在阅读策略和机制上有所侧重。

面向通识教育的图书馆阅读推广的难点和重点是什么？我们首先要对通识教育阅读推广的三个要素进行逐一分析，才能回答这个问题。① 阅读推广的对象阅读行为分析。阅读推广的对象是大学生，大学生年轻好学，自我意识强；思维独立，追求个性；身心发展较为成熟，价值观和道德观逐步走向成熟和稳定。大学生相比高中生有较多的时间进行阅览。但是由于我们处于移动互联网时代，数字阅读因其内容丰富、互动交流、方便快捷等特点而备受大学生欢迎。但大学生数字阅读也存在着盲目阅读、猎奇阅读、碎片阅读、快餐阅读、娱乐阅读等问题，因此使得大学生阅读容易流于形式，或迷失方向。② 阅读推广的内容分析。通识教育的课程内容是阅读推广的主要内容，这些内容以书刊、教程，特别是以经典著作为载体。③ 阅读推广的方式分析。高校实施通识教育的主要方式是课程教育，或者是书院住宿与课程相结合。图书馆作为阅读推广的主体，如何将阅读推广的内容与对象建立关系？采用何种方式让该关系最优化，以实现通识教育的目的？教育阅读推广活动就是图书馆采用阅读推广的各种策略，开展各种方式的阅读推广活动，引导和干预大学生的阅读行为，以便更好地实现通识教育，达成通识教育的目的。那么，图书馆如何建立与通识教育课程之间的关系？我们认为通识教育阅读推广的难点问题是：图书馆有什么好方法让大学生能更好地、更有效率地接受通识教育，或者说图书馆有什么好方法让通识教育课程特别是经典著作能够更有效地为学生阅读并且接受，即策略和方法问题是阅读推广的难点。鉴于经典阅读在通识教育中的重要性，我们认为通识教育推广的重点问题是：如何做好经典阅读推广。

第三节　高校图书馆通识教育阅读推广策略与路径

高校图书馆积极开展阅读推广活动，引导更多的大学生参与阅读，指导更多的大学生养成良好的阅读习惯，这是高校图书馆的职责所在，更是时代赋予高校图书馆的神圣使命。高校图书馆通识教育阅读推广是阅读推广工作的重要内容，需要紧密结合学校的通识教育思想，再与阅读推广理论内涵、图书馆自身的服务理念相结合，把握三者之间的适用性，提炼出通识教育视野下高校图书馆阅读推广服务的新理念，总结出适合高校图书馆通识教育阅读推广的策略与路径。

一、设置阅读推广部门及专职岗位

高校图书馆每年都在组织策划形式多样、内容丰富的阅读推广活动，但是很多图书馆的阅读推广活动大多都不能持续太久，一些活动周期短，来得快，走得快，多有应景之嫌。现在很多图书馆已经认识到这一问题，开始将阅读推广工作常态化，并将其纳入图书馆重点业务范畴加以科学规划。一些图书馆设置了专司阅读推广的部门和人员，如阅读推广部或阅读推广小组。阅读推广部门和岗位的设置，使得教育阅读推广活动可以做到专人负责、专项管理，阅读推广可以做到全局统筹和规划，也可以更持久和常规化。[①] 例如，从 1977 年起，美国国会图书馆就专设了阅读推广中心负责开展全民阅读活动。受其影响，至今很多高校或图书馆都建立了校际、馆际的阅读推广中心。这些"中心"的成立有利于积累阅读推广工作经验，提高活动的效率，有利于阅读活动的衔接及跟踪、评估活动取得的效果。长期坚持专职专司阅读推广活动，图书馆可以培养出自己的阅读专家和活动推广的策划专家，这是保障图书馆阅读推广活动可持续发展的基石。

二、建设通识教育馆藏资源

高校图书馆作为高校教学和科研的辅助单位，拥有丰富的馆藏资源。图书馆阅读推广的首要任务就是利用购买和收藏资源的优势，建设通识教育资源，构建起通识教育资源体系。通识教育课程本身的要求是：从传授分科知识向整体知识教育发展，课程设置要做到文理渗透，既要有自然科学，又不能缺少人文科学知

---

① 关绍伟 . 基于大学生阅读行为的阅读推广改进策略［J］. 图书馆学刊，2016（12）：82–84.

识。根据通识教育目标，以及学科、专业设置的需要，高校图书馆在通识教育馆藏体系建设中要满足大学生通识博学、多方位阅读的需要，逐步建立起以通识教育内容为主的信息书刊资料收藏体系。第一，在学科覆盖面上，馆藏资源要涵盖人文学科、社会学科和自然科学三大领域，系统收藏通识教育课程所需的教学用书、课外阅读用书，并充分利用电子文献和虚拟馆藏，提高通识教育文献保障水平。第二，图书馆要着重收藏中外历史、哲学、社会学等学科的经典著作及相关参考资料。第三，图书馆通过其资源优势尽量平衡和弥补通识教育中文理之间的比例问题。有的高校是理工科院校，需要为理工科学生开设必需的、基本的人文必修和选修课程；有的高校以人文社会科学为主，课程以人文社会科学为主。这些学校的通识教育可能存在课程门类少、比例不均衡，或偏文或偏理的状况。因此，高校图书馆应充分利用其丰富的资源优势，弥补现行通识教育中比例不均衡的问题，为大学生配置更为全面的通识教育资源。第四，注重建设面向通识教育的数字资源和多媒体资源，以及名人收藏、历史捐赠等特色资源。例如，香港中文大学有着良好的通识教育传统，并且分别在三所书院——新亚书院钱穆图书馆、崇基书院牟路思怡图书馆和联合书院胡忠多媒体图书馆都设立了通识教育特藏。

三、实体与数字结合，搭建交流平台

作为图书馆服务创新的重要手段，高校图书馆应致力于搭建阅读交流平台。阅读交流平台是图书馆综合利用传统媒介、新媒介和空间媒介等多元化推广媒介，甚至辅之以第三方教学平台而进行阅读推广的一种方式。交流平台可以是数字交流平台，也可以是"物理空间平台"+"数字平台"。首先，是搭建数字交流平台。自媒体平台在图书馆与读者之间搭建了沟通的桥梁，满足了读者个性化的服务需求。微博、微信等自媒体平台拥有实时性、互动性以及成本低等优势，为阅读推广活动提供了良好的媒介。线下开展的阅读推广活动可以借助自媒体平台与参与者进行线上互动交流，不仅能延长活动的后续时间，提高活动的参与度，还可以多方面了解读者需求，为今后完善活动策略提供数据支撑。此外，高校图书馆可以利用 App 为读者开展"零距离"的服务，拉近与读者的距离，让读者在阅读的同时得到及时服务，降低信息传播与信息接收的成本。例如，中国人民大学图书馆在微信公众号上设立了"图书推荐""畅想阅读""专题讲座"等栏目，读者不仅可以获得阅读推广活动信息，还能评论互动。如广东外语外贸大学图书馆建设了线上的豆瓣通识平台，有固定的馆员和学生团队负责。负责该推广平台的馆员和志愿者共有 44 人，平时固定开展的项目包括：通识阅读沙龙和阅读书目推荐、读书小组和分享会、真人图书馆、艺术馆导览及电影展播、日常的文化分享及图书馆"世界读书日"和文化节等。[①]其次，物理空间平台。图书馆既是资源中心，也是信息中心和活动中心，其设立的信息共享空间、创客空间或研讨室、专门的经典阅读室为大学生提供了良好的通识教育的空间和环境。以沈阳师范大学图书馆为例，该馆自 2010 年开展阅读推广活动以来，首先成立阅读推广部，组建"阅读推广人"团队，该馆不仅对空间布局进行了改造，开设经典阅览室，还设立"经典诵读"空间，为学生提供无线网络、专业设备支持和展示平台。

四、开展阅读行为研究，参与通识教育课程教学

阅读推广活动的开展需要立足于图书馆工作的实际，同时也必须紧密结合图书馆读者对象的特点来策划和组织。这是图书馆阅读推广活动有的放矢，并最终收到成效的基础。高校图书馆的阅读推广工作必须关注本校大学生的特点和阅读行为。由于高校大学生阅读需求不尽相同，学习能力和利用文献的能力不尽相同，所以图书馆要发挥自己在用户信息行为研究方面的优势，了解和掌握大学生在通识教育的阅读兴趣、阅读时间、阅读方式等方面的发展变化规律，为高校图书馆通识教育的阅读推广活动提供有益、有针对的依据。阅读行为研究深入，图书馆的阅读推广活动的群体就能更有层次、更细分，活动的效果也会更好。

图书馆一直有学科服务和信息服务的传统，其中重要的任务是培养大学生的信息素养，训练大学生信息应用技术和信息检索技能。图书馆是课堂教学的延伸，

---

① 吴蕾.利用通识平台开展高校图书馆阅读推广［J］.中华医学图书情报杂志，2014，23（8）：56-58.

深受大学生读者的喜爱。在高校通识教育蓬勃发展的背景下，图书馆开设通识教育课程，或者参与通识教育课程的规划、设计和教学，是图书馆自我发展的需求，也是高校对图书馆的要求。例如，香港中文大学新亚书院通过新亚书院通识教育咨询委员会及通识教育委员会来推行通识教育的工作。前者由新亚书院校董会主席领导，成员包括从新亚书院毕业的知名人士及通识教育委员会主席，为通识教育的政策和发展提供意见。后者由院长、辅导长、各学院的教学代表、钱穆图书馆主任、学生会代表等组成，负责制定和推行通识教育课程的工作。钱穆图书馆主任通过通识教育委员会的工作，能够掌握通识教育的最新发展，适时调整图书馆的策略和服务，从而配合教与学的需要。钱穆图书馆主任就参与修订了通识教育课程目标的讨论，并提倡学习效果，相应调整钱穆图书馆通识教育特藏的馆藏策略，增加馆藏的相应范畴，如增加中国文化、香港社会、大学教育、个人成长等方面的藏书。钱穆图书馆主任能够参与课程策划的工作，确保图书馆提供切合课程要求的图书服务，支持教师和学生在教与学的需要。钱穆图书馆主任还承担了"通识教育导论"中的一课的教学工作，其授课的题目为《图书馆及信息科学导论》，教学活动由三部分组成，分别为课堂讲授、图书馆导赏和网上功课。[1]图书馆馆员参与通识教育，为图书馆和学校通识教育课程之间搭建了桥梁，更好地推动了阅读推广的开展。

五、创新活动形式，开展经典阅读推广活动

（1）高校图书馆开展的阅读推广活动可谓形式多样，内容丰富。最常见的阅读推广活动有：好书推荐、名家讲坛、图书漂流、征文比赛、朗诵比赛、书评会、读书节等。据调查问卷统计，最受欢迎的三项为好书推荐、名家讲坛和读书节[2]。"好书推荐"是向大学生们推荐一些具有较高阅读价值的好书，直接帮助一些大学生读者解决不会选书、不懂找书的难题，受到很多大学生的欢迎。"名家讲坛"是高校图书馆一项最基本的阅读推广方式，为大学生读者邀请某一领域的名家，

① 马辉洪.大学图书馆在推行通识教育课程中的角色——以香港中文大学新亚书院通识教育为例 [J].图书馆论坛，2011，31（4）：135–137.
② 关绍伟.基于大学生阅读行为的阅读推广改进策略 [J].图书馆学刊，2016（12）：82–84.

通过生动精彩的讲座，直接向大学生传播新理念、新思维，备受大学生读者关注。举办"读书节"的目的是让读者爱上读书，养成读书的好习惯。高校图书馆并不缺乏阅读推广活动，而是缺少富有创意的活动形式和活动内容的设计。高校图书馆阅读推广活动需要立足于本馆的实际，需要从本校的通识教育实际出发，针对本校大学生的特点来精心策划、周密组织、科学实施，这样才能使得高校图书馆阅读推广工作充满生机和活力。

（2）经典阅读推广是通识教育推广的重要抓手。在经典阅读推广方式上，国内高校图书馆主要以推荐经典阅读书目以及相关文献、设立经典阅读空间，以及举办经典阅读征文比赛、经典著作导读、读书会、讲座及组织经典读书小组等方式为主。如，以沈阳师范大学图书馆为例，该馆成立阅读推广部，开设经典阅览室，组建"阅读推广人"团队；定期推荐历史、文学和专业三种类型的经典阅读书目；举办古诗文书展、国学书展、善本古籍书展，以充分展示经典文献；举办讲座和读书会，如"一分为二《道德经》""心中有爱说《论语》"等读书活动；开展主题式经典阅读活动，通过书展、读书嘉年华、影视展、短剧展演等多种形式开展某一主题的宣传活动，如在纪念莎士比亚逝世 400 周年之际，以莎士比亚经典作品为主题开展各项活动并且指导阅读；开展经典名篇朗诵会和古文诵读比赛等，通过丰富的阅读推广活动激发学生的阅读兴趣，并取得了良好的效果。

（3）王余光教授建议图书馆专门设立经典阅览室，在室内收藏通识教育的各类资源。这个理念得到了认可，一些高校图书馆已经加以践行。很多学校图书馆都设立了经典阅读室，配置了经典著作和经典教材。例如，苏州大学图书馆（本部馆）于 2016 年 10 月开设了"通识教育阅览室"（又称"阅读推广基地"），设有畅销书、经典阅读、吴文化、台湾学者作品展等专架，并提供数字设备和小型讨论场所。电子科技大学图书馆为配合"经典 60"阅读活动，在阅览区设置了"经典 60"图书展，向读者推荐这些经典著作。"经典 60"推荐图书在"博约书屋"内集中展出，供广大读者借阅。图书馆陆续推出数字"经典 60"阅读活动，读者可以通过到馆借阅和网络阅读平台等多种途径获取书单中的经典书籍。[①]此外，

---

① 李雅,费王开.论经典阅读与高校通识教育的关系——基于苏州大学通识教育课程改革的调查[J].
高校图书馆工作，2018，185（03）：85—90.

图书馆还开辟专门的空间作为讨论室或研究室，便于师生课后组织读书会和阅读分享会；将通识教育改革、通识阅览室建设与本校经典阅读推广工作结合，根据课程教学内容，举办延伸性的读书讲座、读书竞赛、观影活动等，形成经典阅读的"连锁效应"。

（4）图书馆可与院系合作开设经典阅读实践课程，将经典阅读引入通识教育中。可面向不同专业、不同年级的学生提供系统化的经典阅读书目。图书馆结合本校学科专业设置与教学方向，开展经典阅读服务，按学科专业指导学生阅读中外经典著作，将经典阅读与通识教育相结合，经典阅览室与通识教育课程对接，带动学生了解并走近经典阅读，高校图书馆经典阅览室将成为大学通识教育的重要组成部分。[①]

六、加强阅读推广主体间的合作与交流

从通识教育发展的视角看，图书馆是高校的一部分，应与院系、学校其他机构建立合作关系，充分发挥自身的文献资源和智力资源的整体优势，为通识教育的教学、科研服务。首先，高校图书馆与教学部门及其管理部门之间应加强合作。图书馆与教务处、书院等部门合作，特别应加强与负责通识教育教学、管理部门的合作，积极参与通识课程的教学，进而提升阅读推广的效果。比如，华南师范大学图书馆基于学科与决策支持服务，与校教务处合作，配合通识教育，在制作系列通识汇编材料的同时，结合空间建设在阅读推广方面进行拓展。其次，高校图书馆应与校团委、学生处及学生社团开展合作。高校作为人才培养基地，拥有庞大的阅读群体，高校图书馆是开展阅读推广活动的主阵地。然而，阅读推广活动是一项需要协同校内其他部门才能完成的一项工作。高校图书馆与学生处、校团委学生社团等开展合作，可以大大扩展学生参与的范围和人数，增强活动的宣传力度，有利于提高阅读推广活动的影响力，在校园内营造一种强大的阅读文化氛围。再次，高校图书馆与出版社、数据库商合作。图书馆还可与社会力量合作，利用更多的资源，在更大程度上增强通识教育阅读推广的影响，提高阅读推广工

---

① 张晓丹.高校图书馆经典阅读推广服务的方式与思考［J］.新闻研究导刊，2017，8（21）：274–275.

作的层次、质量和水平。例如，中国人民大学图书馆在每年 4 月的"读书宣传月"期间，与出版社合作举办图书展览，进行选书活动。图书馆还与数据库商合作，除了在现场进行资源宣传外，还通过邮件、微信公众号等媒介举办读书评论等活动。最后，高校图书馆还应加强与大学生之间的沟通交流。积极采纳大学生的意见和建议，使阅读推广活动有的放矢，取得实际效果。综上所述，高校图书馆阅读推广工作必须加强合作交流，才能形成合力。

第一节　哈佛大学通识教育阅读推广

哈佛大学（Harvard University），下设哈佛大学文理学院、哈佛商学院、哈佛大学设计学院、牙科医学院、神学院、教育学院、哈佛法学院、哈佛医学院、哈佛大学公共卫生学院、哈佛大学肯尼迪政治学院、工程与应用科学院、哈佛大学研究生院、艺术与科学研究生院和拉德克利夫高级研究所等 14 个学院。截至 2017 年，哈佛大学共设有 46 个本科专业、134 个研究生专业，学校有本科生6700 余人，硕士及博士研究生 15250 余人，在校全体教员约 2400 人。

哈佛学院是享誉全球的哈佛大学唯一的本科生院。哈佛学院师资力量雄厚，可为本科生提供 3000 门左右的人文、社会科学和自然科学课程。每年大约有 1/4的新生选择参加"新生研讨会计划"，此项计划由专家教授负责指导，面向有意对某一课程进行独立或小组研究的学生。每门学科的学生人数从 50~500 人不等，但大多数课程实行小班教学，每个班大约有 20 人。[①]

一、哈佛大学通识教育

任何一种教育体系都不是一成不变的，它必须随着时代的发展而不断完善，

---

① Harvard College ［EB/OL］．［2019–06–23］.https：//college.harvard.edu.

哈佛大学对此有着极为清醒的认识。哈佛大学作为美国通识教育的领导者，始终洞悉时代的变化，把握通识教育发展的脉搏，让哈佛大学的通识教育与时俱进。哈佛大学的通识教育经历了以下六个发展阶段。

（一）选修制思想的萌芽——选课制

哈佛大学初创时仿照剑桥大学的伊曼纽尔学院。就课程设置而言，所开设的课程全部是必修课，以古典课程内容为主。1825 年，哈佛正式允许高年级学生选修一定数量的课程，这是哈佛课程选修制思想的萌芽。1841 年，哈佛大学正式采用选课制度。

（二）自由选修制

1870 年，哈佛大学开始全面推行自由选修制课程制度。选修制度的推行，使得大学课程体系日益丰富，课程与新的文化、社会及科研成果相结合，彰显了大学的勃勃生机。但是，随着自由选修制度实施力度的增强，其弊端也越来越明显，如资源耗费大，所需的教师人数多；自由选修具有盲目性和随意性，一定程度上学生所学知识杂乱无章、支离破碎。

（三）集中分配制

劳威尔于 1909—1933 年担任哈佛大学第 25 任校长。劳威尔当选哈佛大学校长后，开始纠正自由选修制的弊端，主张课程体系以集中分配制（主修制度和通识分类必修结合）代替自由选修制。1914 年，哈佛大学开始全面实施集中分配制课程体系。集中分配制的课程体系旨在平衡"专"和"博"的冲突，并从制度上对此加以约束。它要求每一个本科生为获取学士学位必须选修 16 门课程，其中 6 门属于主修课程，主修课程要求集中在一个学科领域，其余课程中至少有 6 门课程分配到所学专业领域之外的自然科学、社会科学和人文科学三个领域之中，以保证学生获取较为广泛的知识。但是分配课程部分的课程由于缺乏自身独立的师资和管理实体，学生在选课时也不能得到足够的指导，致使集中关于分配的领域之间未能发挥该组合的理想效果。选修制改革再次陷入困境。[①]

---

① 王晓亚，刘秀艳. 从哈佛大学课程选修制变革看我国学分制课程改革［J］. 科教文汇，2013（13）：34–35.

（四）核心课程

第二次世界大战前后，社会的深刻变迁和知识结构的变化发展对美国的高等教育提出了新的要求。1943年，哈佛校长柯南特组织来自文理学院和教育学院的12位专家教授组成"通识教育委员会"，负责设计哈佛核心课程。核心课程是一种综合性的、跨学科的系列课程，以向所有学生提供共同知识背景为目的的课程设置。

1945年，该委员会发表了一份名为《自由社会中的通识教育》的报告，又称《哈佛通识教育红皮书》。这是美国高等教育史上里程碑式的一部著作，被称为"美国通识教育的圣经"，特别是对州立大学与小型学院均产生了很大影响。报告从顶层设计出发，立足美国国情，制定了一套符合时代发展的、全面本土化的通识教育体系。该报告指出，哈佛大学的教育目的是为了培养"完整的人格"——它通常应该包括学生的思考、沟通、判断和评价能力的培养。哈佛大学本科生在毕业时必须修满16门课程，其中通识教育性质的课程需要达到6门以上，6门课程中必须至少包括一门人文、社会科学和自然科学的通识课程。这些举措，一方面保持甚至提高了通识教育在哈佛本科教学中的地位，另一方面也纠正了哈佛教学制度中曾一度出现的因为过于强化学生"自由选修课"而造成的不良后果。可以说，没有1945年哈佛大学这一系列的通识教育改革的"顶层设计"，就很难在1978年后形成一整套独特的"核心课程"系统，该报告标志着美国通识教育体系的最终形成。

1978年，哈佛大学再次公布集全校师生之智而全新设计的本科通识教育方案"核心课程"。哈佛大学发表了《核心课程报告》（*Harvard Report on the Core Curriculam*），对20世纪40年代的培养方案做出了进一步的调整和完善，形成了五大类通识课程体系（文学与艺术、科学与数学、历史研究、社会与哲学分析、外国语和文化）。后经过多方讨论和研讨，到了1985年，又增加了"伦理推理"类课程，形成了六大类通识课程。

（五）核心课程兼容分布选修课程

经过三十多年的实践，大家发现核心课程制度存在一定的问题。首先，范围太狭窄，面对日益复杂的外部世界，数量有限的核心课程实不足以应付多元的世界。其次，学生修课的选择自由度太低，学生得不到他们所需要的知识。再次，核心课程的开设与各专业系科无关，造成系科对通识教育疏离而不直接担责。

2007年，正值各国高等院校仍热衷于借鉴哈佛大学的"核心课程"方案时，哈佛大学却发布了《哈佛大学通识教育改革方案》(*Report of the Task Force on General Education* 2007，简称"2007方案")，宣布废止"核心课程"。[①]哈佛大学重新修正了自己的培养目标，将原来的六大类课程体系拓展为八大类(增加了"世界各社会"和"世界中的美国"两类课程)。改革方案的主要内容有：① 取消"核心课程"方案，学生在通识教育课程上有更多的选择自由；② 提供小班课以加强学生与教师的直接沟通；③ 人文专业的学生应该学习更多的科学；④ 鼓励哈佛本科生在学习期间拥有海外学习经验；⑤ 在书面写作和口头表达上为学生提供更高质量的教学。这意味着哈佛通识教育从核心课程变成了介于核心课程与分布选修之间的过渡形态，也让哈佛形成了更加符合时代发展和当代美国特色的通识教育模式。[②]

2009年秋季哈佛大学开始实施该方案。哈佛本科课程由三大要素组成：主修、选修和通识教育。主修使学生追求某个特殊领域上的专深，选修使学生探索主修之外其他领域及拓展自己的兴趣，通识教育尝试使学生在哈佛所学能更有效地面对毕业后的工作和生活。此次哈佛的通识教育改革强调通识教育的目标是"博雅教育"，博雅教育精神是使学生自由、自主地学习，并受益于毕业后的人生。哈佛大学本科毕业需要完成16个全课程（Full Course）或32个半课程（Half Course）。哈佛本科课程架构的第一部分含通识课程（占总学分25%）和全校本科必修课程（占总学分9%），二者占34%。通识课程含八个领域：美学的阐释与理解、文化与信仰、经验与数学推理、伦理推理、生命系统科学、物理宇宙科学、世界各社会、世界中的美国。通识课程可分散在本科四年内（八个学期内），且须在八大领域中各修一门课程，可以有一门是以A、B、C、D、E、F等级制考核的半课程。全校本科必修课程含协作课程和外语课程，这是全校学生的必修课程。（全课程为两学期课程，半课程为一学期课程，约等于2~4学分。）第二部分主修约含11~16门半课程，占34%~50%。哈佛大学目前共设46个主修领

① 李曼丽.哈佛大学新制通识教育方案及其实施效果辨惑［J］.北京大学教育评论,2018,16（02）：110–121+195–196.
② 乔戈，高建民.美国通识教育"核心课程"体系改革的理念及思考——以哥伦比亚大学和哈佛大学的教育方案为例［J］.南阳师范学院学报，2012，11（10）：108–111.

域。此外，还有双主修，需与主修结合，必修学分8~12门半课程；还有自定主修，必修学分为14~16门半课程，自定主修需学生提出申请并得到校课程委员会核定批准；还另有辅修，可不与主修课程相关，可依学生个人兴趣修习，必修学分为4~6门半课程。第三部分选修含6~8门半课程，占19%~25%，也可用辅修学分充抵选修学分。

（六）新通识教育模式

2015年2月，哈佛大学通识教育评审委员会提交中期报告，重点梳理现行通识教育课程存在的问题。该报告认为，通识教育缺乏明确的定位和边界，项目也变得越来越庞大，颇有尾大不掉之势。通识教育课程没有复审制度，导致课程数量逐年膨胀，影响了身份识别和质量保证，以至于管理者无力提供有效的资源支持。八个类别重点体现分配必修理念，各类别学科互不相干，具体激励目标模糊不清，师生更加重视各类别的学科优势，通识教育统领性原则和理念被肢解。此外，不同院系参与度差异很大，有的院系申报通识教育课程数量太少，导致通识教育学科结构不平衡。有些通识教育还很难招聘到优秀助教，影响了教学质量。有鉴于此，2016年哈佛大学发布《通识教育审查委员会最终报告》（*General Education Review Committee Final Report*），进一步调整原有的八大类课程体系，确定2018年秋季学期实行新的"4+3+1课程结构"（四门通识教育必修课程＋三门分布必修课程＋一门实证和数学推理课程）。2018年秋季，哈佛大学通识教育课程的新框架正式启动，旨在帮助学生在当今世界智慧地生活做好准备，使他们成长为深思熟虑、富有贡献的社会成员。[①]

四门通识教育必修课直接服务通识教育目标，由通识教育常务委员会审批。通识教育必修课将原来八个类别合并为四个类别："美学、文化和诠释""历史、社会和个体""社会中的科学和技术""伦理和公民"。通识教育课程必修课要求比过去少四门，通识教育课程总数也将少一半，同时增加自然科学、工程及应用科学的课程数量，每门课程学生数保持不变或更少。

哈佛大学之前的通识教育课程由两部分组成，前半部分是完全符合通识教育

---

① 张家勇.哈佛大学改革通识教育［EB/OL］.［2019-06-23］.http://ex.cssn.cn/gx/gx_gxms/2018 10/t20181022_4720759.shtml.

原则的课程，后半部分是 250 门左右满足专业兴趣的院系课程。2018 年秋季改革后，后半部分院系课程将被移到分配必修课，感兴趣的学生仍可选修。分配必修课要求学生分别从哈佛文理学部"艺术和人文""社会科学""自然科学"三个分部，以及工程及应用科学学院的院系课程里各选一门。不能选修初级和中级语言课程充数，同时要避开主修专业的课程。

此外，哈佛大学要求学生必修一门实证及数学推理课程，确保学生达到数学、统计和计算方法等量化技能要求，让学生运用数据时能够审辩性思考，为他们进行更高级的量化研究做准备。哈佛大学成立专门委员会负责细化课程目标，评估这些目标的达成度，指导此类课程做出必要调整。通识课程应有多种水平选择，以满足不同学科背景学生的学习需求。此外，哈佛大学还要求学生学习一系列院系必修课，包括论文写作、外语和量化工具课程等。

表 5-1　哈佛大学 2018 年前后通识教育课程对比 [①]

2018 年以前的通识教育课程		2018 年的通识教育课程	
课程类别	课程领域	课程类别	课程领域
通识教育课程 General Education Courses	美学与阐释的理解 Aesthetic and Interpretive Understanding	通识教育课程 General Education Courses	美学，文化和阐释 Aesthetic，Culture，Interpretion
	文化与信仰 Culture and Belief		历史，社会，个体 Histories，Societies，Individuals
	实证推理 Empirical Reasoning		社会中的科学和技术 Science and Technology in Socitety
	伦理推理 Ethical Reasoning		伦理和公民 Ethics and Civics
	生命系统科学 Science of Living Systems	分布必修课程 Distribution Courses	艺术和人文 Arts and Civics
	物质世界科学 Science of the Physical Universe		社会科学 Social Sciences
	世界各社会 Societies of the World		自然科学或工程与应用科学 Natural Sciences or SEAS
	世界中的美国 The United States in the World	实证和数学推理 Empirical and Mathematical Reasoning	实证和数学推理 Empirical and Mathematical Reasoning

---

① 王欣 ."世界公民"：重新定义受教育的人——解读哈佛大学《通识教育审查委员会最终报告》[J]. 当代教育科学，2017（3）：68-72.

二、哈佛大学通识教育阅读推广

哈佛大学是美国历史最悠久的一所高校，其切实可行而又有机联系的通识教育体系对全美乃至世界都产生了非常大的影响。从阅读推广的内涵和要素理论来看，其阅读推广的主体是哈佛大学推动和实施通识教育的机构、图书馆和校内其他组织，因角色和地位的不同，在通识教育的管理、实施和通识教育阅读推广方面起到了不同的作用。

（一）建立了完善的通识教育管理机制

哈佛大学的通识教育课程体系几经变革，从核心课程的构建实施到向分布必修课程体系的靠近，无不显示出哈佛大学对通识教育的高度重视。从通识教育阅读推广的领导和管理视角来看，主要是哈佛大学建立了完善的通识教育管理机制。只有通识教育管理机制能良好运行，通识教育课程体系及课程式阅读推广才能得以实施。

与通识教育相关的管理机构有两个：哈佛学院和文理学院。哈佛学院是哈佛大学最古老的学院，也是哈佛大学目前唯一的本科生学院，哈佛大学所有的本科生都由哈佛学院统一管理。哈佛学院是本科生的管理机构；文理学院是本科生进行通识教育的主体。

哈佛学院设有通识教育办公室，办公室提供通识教育行政和后勤、教学与校园资源目录等方面的支持。通识教育的行政和后勤支持包括以下内容：教学任命和工资单、课程目录、招生管理、课堂安排、课程资料、实地考察，客座讲师和其他课程活动、报销。在教学支持方面，在整个学期中，通识教育办公室向核心教师定期发送电子邮件更新，其中包含重要日期的提醒，与课程教学相关的信息以及一些常见问题的答案。

文理学院负责本科生和研究生教育，是哈佛大学的学术核心，具有比各专业学院更高的特殊地位，在组织结构上保证了本科教育地位。哈佛大学历史上每一次通识教育改革，常由大学高层成立专责委员会，主要领导和成员均来自文理学院，调研讨论数年，精心设计通识教育的总体框架。如1943年，时任哈佛校长的科南特（James Byaant Contant）任命文理学院院长巴克（Paul.H.Buck）为主席，与来自文理学院和教育学院，在历史、教育、生物、哲学、语文、政治、化学、物理等领域有杰出贡献的 12 位教授和校外人士组成的专责委员会，研究近三年，于 1945 年提交了报告《自由社会中的通识教育》红皮书。1975 年，博克（Derek Bok）校长任命文理学院院长罗索夫斯基（Henry Rosovsky）又一次发起了通识教育课程体系改革。罗索夫斯基聘请教授和学生组成了七个工作组，分别负责通识教育核心课程、主修课程、教学改进、学生辅导、大学生活、入学政策及教育资源分配等七项主题，经过四年的研发讨论和沟通，于 1978 年推出了"哈佛大学核心课程计划"。2004 年，在劳伦斯·萨默斯（Lawrence Henry Sunmers）校长带领下，文理学院建立了新的课程体系。2007 年 5 月，哈佛文理学院教师会成立了专门的通识教育课程管理机构——通识教育常务委员会（Standing Committee on General Education），且下设由教师和学生代表共同组成的监管各学科领域的委员分会。[①] 通识教育常务委员会负责全科教育项目课程的研发和教学监督。委员会听取通识教育教员的建议，并据此改革教育措施或政策。

完善的通识教育管理机构保证了哈佛大学在学校战略层面可以很好地规划和设计通识教育课程体系，确保学生在通识教育阅读上做到通专结合。同时，"文理学院＋哈佛学院"的协同机制可以顺利管理和实施通识教育，在通识教育中完成以课程形式为载体的、教师为推广主体的阅读推广活动。

（二）图书馆通识教育阅读推广

哈佛大学图书馆是美国最古老、藏书最多、规模最大的图书馆，拥有馆藏图书 1500 万册，设有位于不同地区及其他国家的 90 多个分馆。其中，最大、最有名气的是主馆怀德纳图书馆（Widener Library）。哈佛大学图书馆通识教育阅读推广主要包括以下活动。

1. 建设通识教育资源，提供基于资源的服务

丰富的馆藏是图书馆开展服务的基础，也是开展通识教育的资源。在建设通识教育资源方面，图书馆设置了资源建设人员或院系联系人，不同学科和区域的用户可直接联系相应的资源建设人员推荐新资源；教职员工还可在线提交资源

---

① 庞海芳，余静.大学通识教育课程的领导与管理［C］//中国高等教育学会大学素质教育研究会 2013 年会暨第三届素质教育高层论坛.

订购申请表。图书馆的院系联络人会定期与院系用户保持联系,通过上门服务、电话、电子邮件等方式及时收集书目信息需求。哈佛大学图书馆的院系联络人、目录专家、图书馆馆长将共同讨论教师和学生已提出的订购需求和潜在的信息需求。

哈佛大学图书馆为了让学生更好地利用资源,不断完善哈佛的信息资源检索系统,除了将传统馆藏资源与数字资源整合检索外,还针对不同的研究主题组织馆藏资源,提供专题研究资源导航(Research a Topic),并根据各专业图书馆馆藏数据的特殊性开发各种不同类型的信息检索系统,如搜索地理空间数据信息的 HGL(Harvard Geospatial Library),各种建筑材料尤其是新材料的研究及展示平台 Material Library,档案、手稿、照片、绘画等资料的在线档案搜索系统,查阅可视化资源,以及世界上最大的搜寻社会科学研究数据的 IQSS Dataverse Network 数据库等。同时,图书馆还开通了移动阅读服务,使读者通过掌上移动设备在任何地方都能够搜索、阅读到电子书及预印本等电子资源,也使学生能够从关键字、作者和题名等角度检索图书馆目录。这为用户利用图书馆资源提供了各种途径。

哈佛大学图书馆开通了借阅直通服务,为大学生提供了高效的书刊资源阅览服务。除了基础的纸质书刊阅览服务外,哈佛大学图书馆还与谷歌公司合作,将所有馆藏实行数字化管理,并开设了移动阅读服务。早在 2002 年,哈佛大学图书馆获得基金组织的资助,提出"开放专题式数字馆藏计划"和"在线阅读计划",使学生可以在线阅读由 25 万个网页构成的 1200 册图书和手稿。这些资源的资料分别来源于哈佛大学图书馆和博物馆的历年馆藏、档案馆馆藏、霍顿图书馆(Houghton Library)的善本和手稿,以及哈佛大学教育学院古特曼图书馆(Monroe C. Gutman Library)的历史教科书;其他则来自于拉德克里夫高等研究院(Radcliffe Institute for Advanced Study)的亚瑟和伊丽莎白·施莱辛格图书馆(Arthur& Elizabeth Schlesinger Library)中关于美国妇女研究的史料,以及怀德纳图书馆的人文和社会科学馆藏。

2. 嵌入通识教育的教学和相关支持服务

哈佛大学图书馆的学科服务密切融入教学、学生学习活动和科研工作,主要由三类图书馆员负责,包括研究馆员(Research Librarian)、院系联络人(Library

Liaisons）和学科馆员（Subject Librarian）。其中研究馆员是有较强专业背景并有研究工作经验的图书馆员，能够帮助用户确定和使用本馆资源，或者为课程、学期论文、硕博论文及其他科研项目设计研究方案，他们不仅为学生提供帮助，而且也为教授和其他教职人员提供帮助。学科馆员主要为研究者提供按照学科组织的电子资源、印本资源、咨询服务项目等的详尽信息，负责本学科的资源建设。院系联络人一般由具有专业背景的图书馆员担任，主要负责与分配院系建立联络关系，开设和指导与图书馆相关的课程，为学生和教师提供"一对一"的咨询服务，协助编写课程研究指南，辅助建设课程网站，提供日常的参考咨询服务，帮助用户识别和使用哈佛大学图书馆的资源。图书馆还积极推荐和鼓励用户在开展研究工作之前联系研究馆员预约个人咨询服务，同时在图书馆网站列出了负责各学科、专业领域、语种、特定区域，以及各个学院、学术委员会和项目的学科服务人员的联络信息。

（1）咨询服务。哈佛大学图书馆的研究馆员为学生提供"一对一"的预约咨询服务，帮助学生选题、拟定研究计划、设计和使用专题数据资源、挖掘潜在的研究问题等。比如哈佛大学法学院的学术论文咨询服务。任何一个法学院的学生都可以通过电子邮件申请图书馆为其安排一次有关其研究课题的论文写作方面的咨询座谈，为其分析如何选题、如何获取资料、如何了解研究课题的最新发展动态、如何寻求领域专家帮助等。图书馆研究馆员在对学生课题做出综合评估后，确定座谈时间，一般一次研究咨询需要45~60分钟。

（2）信息检索专题培训。哈佛大学提倡各专业图书馆与对应院系建立密切的合作关系，针对学科或特定课程开展图书馆专题培训服务。任课教师可在线预约"图书馆信息检索课程"服务，由学科馆员与任课教师一起根据教学目标和学生在研究过程中所涉及的资源量身定制"专题信息检索课程"，内容通常包含研究策略的制定、个性化资源的检索利用、网络资源的专题介绍、研究工具的示范介绍、课程研究方法的选择及研究策略的制定等，将图书馆资源利用与课程学习紧密结合，以达到更好的培训效果。

（3）参与并支持教学。首先，哈佛大学图书馆开发了 iSites 平台，[①] 与教师及

---

① Isites［EB/OL］.［2019–06–23］. https://www.robtex.com/dns–lookup/isites.harvard.edu.

院系部门合作搭建一系列特定主题的用户信息素质培训网站，集成了哈佛大学的印本和电子资源、特色馆藏、学术网站、研究咨询等研究工具，用户可订制各种个性化的文本、图像、视频等自我培训材料，这些 iSites 培训网站可以直接集成到其他的课程网页中。培训网站也为教师制作网络课件提供服务。比如，专门为教师制作的整合资源课授课指南，用于指导教师和学生利用图书馆搜索发现、识别和准备课程所需的各类素材，并根据课程大纲或课程网站的阅读材料列表确定何时预定参考书、何时创建文章全文链接等。其次，提供"课程教学支持服务"(Get Teaching Support for Your Courses)。[①]与教师合作，根据课程目标设计课程，其合作方式主要有两种：利用图书馆资源进行主题领域研究的会议，使用图书馆特藏与档案的教学。第一种会议类服务，哈佛师生可以通过联系图书馆联络人或提交请求来获得。主要的服务内容包括：图书馆员可以提供针对特定课程或主题领域的指导课程；可以围绕任何技能水平或学科兴趣开发课程；图书馆员主导的课程可以在各种图书馆空间或班级的常规地点举行。第二种特殊收藏和档案教学。使用馆藏作为课堂作业来支持学生；可以参观图书馆以深入调查档案、手稿、地图、古籍等资源。哈佛大学的各图书馆还会对如何利用图书馆开展研究给出具体的指导建议，并与教师合作，根据学科特色和开设课程制作相应的"研究指导"或"课程指导"，为教学研究提供课程参考资料，指导教师利用图书馆搜索课程所需的各类素材。比如，哈佛法学院图书馆的"案例研究"服务为学生的课堂讨论和作业提供课程案例。在东亚系一位教授开设的"罗马与中国"这门课中，哈佛燕京图书馆的学科馆员根据课程安排与教学大纲内容推荐参考书目和文献资源，并承担一些授课任务。哈佛燕京图书馆还准备了一些实物，如古籍、拓片等，配合学科馆员的 PPT 一起讲述，这种授课方式给学生留下非常直观的印象，教授们和学生们都非常喜欢。[②]

3. 其他主要的阅读推广活动

（1）宿舍阅读推广活动。本科生的日常管理主要是通过各个学舍来完成的。

---

① Get Teaching Support for Your Courses ［EB/OL］.［2019–06–23］. https：//library.harvard.edu/how–to/get–teaching–support–your–courses.

② 陈启梅，张冬荣.哈佛大学图书馆学科服务特色及对我国的启示［J］.知识管理论坛,2013（7）: 6–11.

新生住在哈佛园中，分为四个片区；老生分布在 13 个学舍中。学舍中有舍监，主要由一名哈佛大学的终身教授及其配偶联合担任；有一名寄宿制院长，由哈佛学院的助理院长兼任，通常是职员身份；还有一大批专职的管理人员和由研究生担任的辅导员。学舍成为本科生日常活动的基本单位，一些学舍还保留着开设几门研讨课的传统。[1]

（2）哈佛大学通识教育阅读书目推荐。哈佛大学在暑假前为学生推荐阅读书单已成为一个传统。这些优秀书籍通常由各院系教师推荐，内容涉及各个领域，包括经济学、法学、文学、地质学等多个学科，旨在为学生提供阅读方面的参考，使学生更好地利用暑假时间延伸阅读、充实自我。此外，还有经典的哈佛大学百名教授推荐书目。1985 年曾有 3 位研究生邀请 100 位教授推荐了"对思想的形成产生过帮助"的 550 多种图书。在哈佛大学这 100 名推荐图书的教授中，有来自政治学、法学、管理学、历史学、哲学、人类学、建筑学等领域，这些好书对他们的思想、事业和生活均产生过重大影响。从书目看，哈佛大学教授的阅读非常多样化，推荐的图书重复率非常低，这个书目至今仍非常有影响力。[2]

（3）读书会。秋季学期伊始，学校通常会组织读书会等活动，邀请学生分享感悟、交流思想；有些学院还会邀请书籍作者到校举行读书讲座，与学生共同探讨，为读者答疑解惑。

第二节　清华大学通识教育阅读推广

清华大学的前身清华学堂始建于 1911 年，1912 年更名为清华学校。1928 年更名为国立清华大学。改革开放以来，清华大学逐步确立了"建设世界一流大学"的长远目标，进入了蓬勃发展的新时期。学校先后恢复或新建了理科、经济、管理和文科类学科，并成立了研究生院和继续教育学院。目前，清华大学共设 20

---

① 过勇.本科教育的组织模式：哈佛大学的启示［J］.高等教育研究，2016（1）：64–73.
② 约翰·肯尼思·加尔布雷思，等.哈佛书架［M］.王月瑞，编译.海口：海南出版社，2002：1–343.

个学院、59 个系，80 多个本科专业，17 个第二学士学位专业。[①]面向未来，清华大学秉持"自强不息、厚德载物"的校训，围绕"立德树人"的根本任务，确立价值塑造、能力培养和知识传授"三位一体"的教育理念和人才培养模式，致力于培养肩负使命、追求卓越的人，使学生具备健全人格、宽厚基础、创新思维、全球视野和社会责任感，实现全面发展和个性发展相结合。[②]

一、清华大学通识教育

清华大学历来有重视通识教育的传统。梅贻琦校长在其《大学一解》中提出，大学教育之目的在于引导学生从"修己以敬"，到"修己以安人"，进而到"修己以安百姓"，为众人与社会福利服务；强调求学问之最后目的、最大精神，体现在《大学》开章明义之语"大学之道，在明明德，在新民，在止于至善"，为此"则通识为本，而专识为末，社会所需要者，通才为大，而专家次之，以无通才为基础之专家临民，其结果不为新民，而为扰民。"要求大学学子对自然科学、社会科学、人文科学都应当有相当的准备，尽可能做到会通。他还特别指出，工科教育在适度技术化之外，要取得充分的社会化与人文化，此为工业化的最核心的问题。

1995 年，教育部发起在全国高等院校开展文化素质教育。1999 年清华大学成为国家首批大学生文化素质教育基地。在 2000—2001 年第 21 次全校教育工作讨论会期间，文化素质教育受到学校领导的高度重视，在理念与实践的双重层面对加强通识教育达成共识，提出了"在通识教育基础上的宽口径专业教育"的培养模式。在总学分从 170 分降到 140 分的情况下，文化素质教育课程由 5 学分升至 13 学分，加上思想政治教育课、体育课和外语课，可列入文化素质教育课程的学分至少占总学分的 1/4，并被置于基础性的位置。自 2005 年起开设"清华大学新人文讲座"。 2006 年，清华大学将原来的十大课组改革为以八大课组为构架的通识教育核心课程。2008 年，以"文化素质教育讲座课程"的名义作为必修课程列入清华大学本科生培养方案。八大课组分别为：历史与文化，语言与文学，

① 清华大学本科生教育［EB/OL］.［2019–06–23］. https：//www.tsinghua.edu.cn/publish/newthu/newthu_cnt/education/edu–1.html.
② 清华大学学校沿革［EB/OL］.［2019–06–23］. https：//www.tsinghua.edu.cn/publish/newthu/newthu_cnt/about/about–2.html.

哲学与人生，科技与社会，当代中国与世界，法学、经济与管理，艺术与审美，科学与技术，并先行建设了 20 门核心课程，大多以阅读经典为主要内容，采取名师上课、助教导修的双轨教学方式。每门核心课程下拨 2~3 万元作为课程建设费，这是清华大学有史以来首次对通识课程进行较大力度的支持。设置"文化素质核心课程"的目的是要在全体学生中建立一个共同的文理知识基础和思想价值体系。让文化素质课程真正起到加强同学的知识结构、增强人文素养、提高文化自觉的作用。名师授课、小班辅导、阅读经典、深度学习是"文化素质核心课程"的四个主要特征。

从 2011 年秋季学期起，文化素质教育课程体系由文化素质教育核心课程、新生研讨课、文化素质讲座课程和文化素质教育任选课程四部分组成。常设校园文化活动和实践环节有：清华大学人文知识竞赛、暑期人文实践等。清华大学从 2018 级大学生开始开设"写作与沟通"必修课，由中文系教授、著名作家刘勇和历史系教授、教务处处长彭刚共同担任该课程负责人。计划到 2020 年，这门必修课覆盖所有本科生，并力争面向研究生提供课程和指导。这门课程的开设，得到了各高校的认同，大家普遍认为，作为通识教育的必修课，它弥补了本科教育的不足。[1]从清华大学通识教育的发展来看，学校一直以文化素质课程的面貌推行着通识教育。

2014 年，清华大学教改方案对专业教育和通识教育进行了新的规划，要建立以通识教育为基础，通识教育与专业教育相融合的本科教育体系。主要体现在：① 精简专业必修课。在专业核心课程方面，清华减少学生必修的专业课程的数量和刚性，提高课程挑战度，激发学生志趣。② 通识课不是概论课。学校加强通识教育的顶层设计，将通识课程与课程之外的其他培养环节结合起来，提高通识课程质量；扭转把通识课当成概论课的错误认识，使通识课也达到专业课的水准。③ 教师：培训有专项基金。打造一支强大的通识教育教师队伍，并设立教授岗位专职负责通识课程建设。

2014 年，清华大学进一步推行通识教育试验区的改革创新，决定成立本科

---

① 通识教育在清华——专访清华大学副教务长、教务处处长彭刚［EB/OL］．［2019–06–23］．http：//www.yidianzixun.com/article/0KF6WMMP.

书院——新雅书院。在建筑学院、法学院、生命科学学院和钱学森力学班这四个院系试行二次招生并实行专业混住。新雅书院是"住宿制文理学院"（Residential Liberal Arts College），2016 年开始正式面向全国招生（文理兼收）。该书院以"古今贯通、中西融汇、文理渗透"为宗旨，以"欲求超胜，必先会通"为导向，培养志向远大、文理兼修、能力突出、开拓创新的精英人才。书院推行由通到专、通专融合，跨学科发展的培养模式。学生在明确个人学习志趣的基础上，自由选择真正喜欢并能胜出的专业。力图让学生全面发展：在认知、思维、表达和知识运用方面融会贯通、全面发展。最初两届的新雅学院学生同时在新雅书院接受通识教育，在专业院系接受专业教育，行政归属和学籍均在专业院系。2016 年，新雅书院实体化，面向全国高中招生，文理兼收。学生入学时不分专业，首先接受以数理基础和人文社科基础为核心的小班通识教育，一年后学生可自由选择清华大学除临床医学之外的任何专业，以及两个特设交叉专业——智能工程与创意设计、政治经济与哲学。

优质的文理通识教育是新雅书院人才培养的重要基石。通识课程以古今、中西、文理的交汇与融合为基本出发点，以中国文明与世界文明、文化传统与当代精神、人文与科学为主线，以结构性的人文社科课程和分层次教学的数理课程为主体，采取小班授课、深度学习、有效研讨的教学模式，全面塑造和培养文理会通、跨文明思考、跨学科创新的志趣和能力。

新雅书院名师云集，具有理工、人文、社科学术多元背景的优秀教师共同构成最强、最优的师资阵容，其中包括中科院院士、长江特聘教授和 973 计划首席专家等。书院以其特有的学术生态和养成教育为支撑，实施导师制（含常任导师、专业导师、特聘导师、学生小导），全方位、多层次地指导学生的学习和生活。通过师生互动、生生互动、学科互动，努力形成教学与养成相结合、学习与实践相结合、通识与专业相结合，由"新"到"雅"、由"通"到"专"、厚积薄发、传承创新的"新雅"学术共同体。[①]

2017 年，清华大学人文学院又成立了科学史系。清华大学是中国近代史上

---

① 清华大学新雅书院办学理念［EB/OL］.［2019–06–23］.http：//www.xyc.tsinghua.edu.cn/publish/xinya/10622/index.html.

科学史学科的重要发源地。清华大学创办科技史系，不是为了研究某些专门学科的历史，也不只是为了促进科学教育，而是要把科学史作为一个综合大学的有机环境来考虑，把科学史作为大学通识教育的一部分。把清华科学史系和清华的通识教育和本科素质教育紧密地结合在一起，主动地来沟通文科和理工科、科学与人文，在两种文化间搭建桥梁。①

从 2017 年起，清华大学在全国各省实行大类招生，全校所有本科招生专业将合并为 16 个大类，包括数理类、化生类、人文与社会类等。学生将进入大类专业进行学习，一年后再根据兴趣分流。大类招生为学生在读期间构建了坚实的知识储备，在毕业后更是拓宽了他们未来职业的发展。比如，从生命学院毕业的学生未来可以从事医学等相关工作，化学系毕业的学生未来也可能从事与生命学科的相关工作或与化工相关的工作。大类招生显然也是贯彻通识教育的理念。

清华大学设立通识教育委员会，推动通识教育阅读。2015 年 7 月，清华大学教学委员会成立。该委员会下设"通识教育委员会""培养与课程委员会""教学评定委员会"三个常设工作委员会，以及"创新创业教学委员会"一个专项工作委员会。通识教育委员会在教务处的支持下，尝试开展通识教育课程改革规划、课题体系建设、通识教育研究等活动，从顶层设计上推动通识教育阅读活动。自 21 世纪至今，清华大学从单纯的通识教育课程建设和改革开始，到新雅学院、科学史系的成立，再到大类招生，期间进行了包括教学改进、助教培养、书院制度等全方位、多层次的推进。通识教育改革和发展是点、线、面结合，立体化地实施，逐步地深入。清华大学在全国高校中处于"领袖"地位，其通识教育的改革和进步，对全国各高校的通识教育均产生了积极的影响，为各高校的通识教育改革和实施提供了宝贵的经验。

二、清华大学通识教育阅读推广

（一）设立通识教育奖

2018 年 5 月 18 日，清华大学首届"王步高通识教育奖"颁奖仪式举行，清

---

① 清华大学组建科学史系，助推通识教育和科技创新［EB/OL］.［2019–06–23］.http：//www.sohu.com/a/155247771_99919395.

华大学外聘教师、东南大学原教务处处长、高等教育研究所原所长陈怡教授荣获此奖项。颁奖仪式后，陈怡教授作了题为《中国人的大学问——〈大学〉解析》的学术报告。王步高先生是享有盛誉的大学语文教学名师，2009 年于东南大学退休后应邀到清华大学任教，他的课程深受学生欢迎，在清华执教期间，他与清华师生结下了深厚情谊，为清华大学的文化素质教育做出了重大贡献。2017 年 11 月，王步高先生去世，清华师生深切缅怀，一位清华校友匿名捐资百万，正式成立"清华大学王步高教育基金"，以此纪念王步高先生，支持清华大学的文化素质通识教育。经清华大学教务处、人文学院、文化素质基地共同协商，决定设立清华大学"王步高通识教育奖"，每年由相关单位组织专家与学生评选，奖励一位对清华大学通识教育与文化素质课程建设做出重要贡献的教师。[①]

（二）以文化素质教育为基础，持续性地开展阅读推广

清华大学国家大学生文化素质教育基地（以下简称"文化素质教育基地"）是清华大学通识教育的重要力量。清华大学全面开展文化素质教育 24 年来，对阅读推广不遗余力，其主要活动包括以下方面。

为了营造校园文化气氛，与大学生共同反思现代大学的理念与精神，推动人文关怀与科学精神的融合，处理好读书与实践和做人的关系，在周六人文知识讲座的基础上，从 2005 年春季学期起推出了"文化素质教育讲座"。该讲座是讲座形式的课程，设立十年来，纳入讲座课程的主题已达 22 个，组织了 993 场次，本科生刷卡选听 230460 人次，本科生提交课程书面报告共计 23421 篇。讲座课程对于营造清华文化氛围，充实丰富第一课堂，活跃第二课堂，启发学生与大师同行、与真理为友的自觉意识发挥了积极的启蒙和示范作用。[②]

自 2000 年始，文化素质教育基地与教务处、校团委联手举办了一年一度的学生文化素质知识竞赛，受到广大同学的积极响应和欢迎，至今已举办十九届，历久不衰。2018 年，由文化素质教育基地主办、人文学院学生学术活动中心承

---

① 首届清华大学"王步高通识教育奖"颁奖［EB/OL］.［2019–06–23］. http：//news.tsinghua.edu.cn/publish/thunews/10303/2018/20180521102034834283732/20180521102034834283732_.html.

② 清华大学《文化素质教育讲座》课程改革研讨会凝聚改革共识［EB/OL］.［2019–06–23］. http：//news.tsinghua.edu.cn/publish/thunews/1030 3/2018/20181015085910001231645/20181015085910001231645_.html.

办的"故园深梦——第 19 届清华大学学生人文知识竞赛"决赛举办。此次竞赛以故宫的历史与文化为主题，同时结合人文通识类知识，分为初赛线上答题、决赛故宫室外赛和决赛室内赛等环节，旨在让同学们进一步了解故宫所蕴含的历史文化，普及人文知识，弘扬中华优秀传统文化。

（三）建立校园文化组织，开展丰富的阅读推广活动

校园内学生社团组织类型多样，组织的活动丰富多彩，涉及戏剧、摄影、音乐、生活、健康、阅读等方方面面，营造了健康向上的校园文化。例如，清华大学学生好读书协会就是进行阅读推广的一个代表性社团。2018 年学生好读书协会获评中国全民阅读年会的"全民阅读优秀推广机构"。[①]好读书协会由获得"好读书"奖学金的部分学生于 2008 年发起成立。协会以继承和弘扬钱钟书、杨绛先生等老一辈大师的治学精神和人格品质为目标，以杨绛先生提出的"好读书、读好书"的要求为宗旨，希望通过一系列的读书活动来整合校内的读书资源，营造校园的读书氛围，提升同学的人文素养，培养同学好读书、读好书的习惯。

朗读亭现在也已成为高校内阅读推广的常设项目，清华大学较早就关注到了朗读亭在阅读推广和建设校园文化方面的作用。2017 年 3 月，清华大学研究生会邀请了中央电视台《朗读者》栏目组，该栏目组携"朗读亭"走进清华大学进行录制。朗读亭设立在新清华学堂广场，亭内设置有录音及录像设备。朗读者们选取自己感兴趣的文章、诗歌或经典作品选段，走进朗读亭，通过诵读讲述埋藏在心底的故事，用声音传递温暖向上的力量。例如，清华大学图书馆教师张秋和孩子一起走进朗读亭，希望将热爱读书的火种传递下去；计算机系研究生矣晓沅选读了村上春树的《当我谈跑步时我谈些什么》，表达了自己对生活的热爱和自强不息的精神；现于中国文联工作的校友李丽朗读了原创作品《难忘铁凝为我改稿》，纪念难忘的师生情。[②]

---

① 清华大学学生好读书协会获评"全民阅读优秀推广机构"［EB/OL］.［2019–06–23］. http：// news.tsinghua.edu.cn/publish/thunews/10303/2018/20 180423103924509905619/20180423103924509 905619_.html.

② 朗读亭进清华——读书，遇见更好的自己［EB/OL］.［2019–06–23］. http：//news.tsinghua.edu. cn/publish/thunews/10303/2017/20170321095122545688354/20170321095122545688354_.html.

（四）积极外联，引领全国通识教育阅读推广活动

1. 通识教育核心课程讲习班

许多学者专家认为，我国大学的通识教育应该着重建设"核心课程"，特别是"中外经典文本研读"核心课程。在此共识的基础上，2007 年暑期，清华大学与中国文化论坛合作开办了"首届通识教育核心课程讲习班"，在全国引起很大反响。此后至 2018 年，中国文化论坛与国内多所高校合作，每年举办一届通识教育核心课程讲习班，至今已历十届。清华大学在该项活动中作用巨大。

2. 大学通识教育联盟

2015 年，清华大学、北京大学、复旦大学、中山大学共同发起创立大学通识教育联盟，旨在推动中国高校通识教育的发展，增进高校在通识教育方面的相互交流、协作与支持。2016 年 6 月，浙江大学、南京大学、武汉大学、厦门大学、重庆大学、香港中文大学签署章程并加入联盟，成为联盟常务理事单位。2017 年 8 月，中国人民大学、上海交通大学、西安交通大学、陕西师范大学等三十四所高校成为联盟成员单位。至 2019 年，大学通识教育联盟已经召开了四届年会，会议由清华大学承办。

（五）清华大学图书馆通识教育阅读推广

清华大学图书馆由总馆及文科、经管、法律、建筑、美术和金融等六个专业图书馆组成，馆舍总面积 7 万余平方米，阅览座位约 4300 余席。图书馆实体馆藏与数字化馆藏并重。截至 2017 年年底，实体馆藏总量 500 万余册（件），其中包含古籍 22 万多册，期刊合订本 58.5 万册；电子期刊 10.8 万种，电子图书 884.8 万册，电子版学位论文 441.6 万篇。图书馆资源管理服务系统实现了对全网域资源的"一站式"检索和无缝获取，支持全校读者在任何时间、任何地点访问电子资源。图书馆在数据融合方面积极探索，正在规模化推进"清华学者库"建设，可精细化管理学者的学术产出。目前，清华大学图书馆已进入了迅猛发展的良好时期。图书馆坚持"读者为中心、服务为主导"的办馆理念，紧密配合学校改革发展、人才培养和学科建设的要求，瞄准国际图书馆业界发展前沿，不断创新图书馆的服务方式和管理模式，大力改善读者学习与研究环境，努力打造具

有清华特色、研究型、数字化、开放式的国际一流大学图书馆。[①]

作为清华大学通识教育阅读推广的"重镇"，清华大学图书馆利用自身丰富的馆藏资源和多元化的服务，主要开展了以下活动：

1. 嵌入科研和课程的学科馆员服务

1998年，清华大学图书馆在国内率先引入学科馆员制度，每位学科馆员负责联系指定的院系，针对教师、研究生开展工作。学科馆员的主要职责有：深入了解对口院系的教学科研情况和发展动态，熟悉该学科的文献资源分布；参与对口学科的资源建设，提供参考意见；推动对口院系与图书馆合作订购资源；开办相关图书馆讲座，解答深度课题咨询，逐步提高对口院系师生的信息素养。例如，清华大学图书馆创建了为新闻与传播学院师生服务的学科博客，为他们提供的资源包括馆藏学科资源、图书馆试用资源和互联网免费资源。清华大学图书馆与新闻学院和通信学院合作，融入课程和研讨会，在学生的科技活动日和化学工程系的学生节应邀讲授 IEEE 的检索方法。[②]

2. 图书馆"服务宣传月"活动

自2006年以来，清华大学图书馆每两年举办一次"服务宣传月"。图书馆历届"服务宣传月"为：走近你身边的图书馆（2006）；沟通无极限，服务有新意（2008）；悦读畅享，书香百年（2010）；书香传久远，百年正青春（2012）；爱上图书馆，岂止于读书（2014）；承接过去，面向未来（2016）；书香引梦，你我共筑（2018）。例如，2018年11月22日~12月27日，图书馆开展了第七届图书馆"服务宣传月"，"看""听""言"三维度下各自有丰富的活动。活动类型多样，文图放映、专题展览、清华藏珍、真人图书馆、"我是读书人"读书经验分享会、"作者面对面：韦庆媛"等活动引导学生阅读和思考，很好地起到了阅读推广的作用。

---

① 清华大学图书馆. 馆长致词［EB/OL］.［2019–06–23］.http：//lib.tsinghua.edu.cn/about/from_director.html.

② 燕辉. 中美高校图书馆学科服务模式比较研究［J］. 当代图书馆，2016（2）：21–25.

表5-2 2018"书香引梦,你我共筑"服务宣传月活动表

看	听	言	行
专题书架:聆听古典,尽享"乐"读	音乐的魅力——聆听与解读	真人图书馆:倪维斗	清华大学音乐图书馆开馆试运行
专题展览:情报发现的新范式	系列微沙龙:信息达人分享会	馆长与师生共话图书馆	图书馆助理分队带你"飞"
文图放映:纪录片展播	CASHL资源介绍与利用	作者面对面:韦庆媛	馆长接待日
专题书架:中国道路,中国发展	科学研究训练营	馆长与馆员共话图书馆	毕业生赠书转赠
专题展览:最不能忘记的背影	如何利用图书馆资源开展艺术研究	学生馆员对你说	学科服务深化与创新会议
清华藏珍:馆藏历史文书展	"我是读书人"读书经验分享会	学科馆员对你说	学科服务进院系列活动
			随手拍线上摄影比赛

3."读书文化月"

在倡导"全民阅读"的时代背景下,为了提高学生的阅读兴趣、营造书香校园的文化氛围,清华大学图书馆联合大学生文化素质教育基地、校团委、学生处、研究生工作部、教务处等单位共同策划、精心打造了一系列文化活动,举办"读书文化月",在书香文墨里带领同学们探寻文字的美感,提升人文素养。例如,2016年首届"读书文化月",从4月中旬到5月中旬持续一个月,主要分为主题讲座、交流分享、主题活动、推介展览、专题演出和启动发布六大版块。在此期间,多位校内外著名学者与清华学子分享读书经验,探讨学术热点;被誉为"校园书神"的历史系博士生冯立与大家分享"碎片化阅读时代的书本阅读"经验;图书馆推出一系列与读书相关的展览,包括:"读是一种幸福"专题书架、"路遥及他的作品"专题图书推介,以及清华大学馆藏签名本图书展览等。2016年4月23日,适逢"世界读书日"和清华大学105周年校庆,当天下午在新落成的图书馆北馆举行了"世界读书日·师生共话读书"大型活动,发布了2016年"水木书榜·清华学生喜爱的10本好书"上榜书目,而且向94名酷爱读书的同学颁发了2016年"好读书奖学金"。为了适应同学们数字阅读的需求,文化素质教育基地与清

华图书馆合作启动"读书包"（Package）电子教参服务项目。图书馆还在线发布了"读在清华"阅读推广服务平台，将专题书架、每周甄选、新书通报、借阅排行等服务进行整合，与校内师生网络互动。图书馆还与清华电视台联合推出"水木开卷"微视频系列，推介导读好书；此外，图书馆还与校工会剧艺社联合举办了剧本朗读专场演出。[①]

4. 网络与实体结合的通识教育阅读推广

清华大学图书馆主页上"读在清华""服务宣传月"主题栏目是网络通识教育阅读推广的良好平台。"读在清华"设有专题书架、每周甄选、新书通报、校友书架、借阅排行等子栏目。"服务宣传月"则集合了2018图书馆"服务宣传月"的活动日程、活动内容和相关报道；历届服务宣传月；展厅展览等内容。这些网络内容图文并茂、界面精美、导航清晰，非常容易吸引读者。这些活动都是线下实体与线上结合，线下活动如火如荼，线上展示精心策划、立体生动。以"专题书架"为例，第31期专题为"新雅谈通识"。该专题书架由图书馆和新雅书院16~18党支部共同策划完成。书单内容分为三个主题，"通识教育与大学"主要收录讨论通识教育或大学的书籍；"想见其为人"主体为前辈学人的人生感悟；"通识课程读本"选取了部分新雅通识课的阅读书目。根据同学们推荐的书目，图书馆核对和增补了馆藏，总共171种，其中特别推荐11种。特别推荐书目信息及内容简介发布在西馆（逸夫馆）以及文科馆的公告系统中。图书馆还打印出每一期的完整图书目录，放在北馆（李文正馆）专架的留言台上供学生参考。爱读书的学生对通识教育或者书单中的某本书感兴趣，可以扫描二维码，和图书馆共话通识。[②]

5.《清华大学荐读书目》

1995年，清华大学推出《清华大学学生应读书目》（简称《应读书目》），在清华乃至全国产生良好反响。时隔20年，《应读书目》迫切需要更新。作为学校"读在清华"深度阅读推进计划的重要内容，由图书馆发起，图书馆与文化素质教育基地、教务处一道推动《应读书目》的修订工作，成立了《应读书目》修订专

---

① 清华大学. 韶华好读书［EB/OL］.［2019–06–23］. https://www.tsinghua.edu.cn/publish/newthu/8912/ 2016/20160531083720820809156/20160531083720820809156_.html.

② 清华大学图书馆. 新雅谈通识.［EB/OL］［2019–06–23］. http://tsinghua.featurelib.libsou.com/show/special/detail?id=44.

家委员会，组织校内专家推荐经典书目。学校组成了校内读书工作组，《清华大学学生应读书目》修订成为学校"读在清华"深度阅读推进计划的一部分——专家推荐经典。2015年年底，"《清华大学荐读书目》修订"获得了清华大学教务处的本科生教改项目资助。2017年9月，《清华大学荐读书目》由清华大学出版社正式出版，全书共38.9万字，第一次印刷8000册，受到全国各界广泛关注。新版对之旧版有很大变更：对部分书目做了调整，扩大了学科覆盖面，增加了社会科学、自然科学领域和美学方面的书籍；扩大了地域、民族和人类文明发展重要阶段的覆盖面。总量由原来的80种增至120种，依然在其中注明了部分有限推荐的书目。编写体例上更具指导性和参考价值。

图 5-1 《清华大学荐读书目》，胡显章主编，清华大学出版社出版

从上可知，清华大学图书馆长期把阅读推广作为建设的重要方略，充分发挥图书馆资源优势、服务优势和空间优势，经过不懈努力和持续创新建设，形成了多种主体并存的阅读推广活动基地，形成了全媒体、全视域、多维度的具有清华风格的阅读推广系列，以阅读推广为核心引领学生的通识教育。①

第三节　武汉大学通识教育阅读推广

武汉大学是国家教育部直属重点综合性大学。武汉大学溯源于1893年清末湖广总督张之洞奏请清政府创办的自强学堂，历经传承演变，1928年定名为国立武汉大学，是近代中国第一批国立大学。改革开放以来，武汉大学在国内高校中率先进行教育教学改革，各项事业蓬勃发展。武汉大学环绕东湖水，坐拥珞珈山，校园环境优美，风景如画，被誉为"中国最美丽的大学"。学校设有人文科学、社会科学、理学、工学、信息科学和医学六大学部34个学院（系）。有123个本科专业。5个一级学科、17个二级学科被认定为国家重点学科。②

① 热烈祝贺"凝聚推动全民阅读的力量"人民出版社读书会阅读推广大会在京隆重召开［EB/OL］.［2019-06-23］. http://www.sohu.com/a/239500894_661969.

② 武汉大学. 学校简介［EB/OL］.［2019-06-23］. https://www.whu.edu.cn/xxgk/xxjj.htm.

一、武汉大学通识教育

开设通识选修课程是武汉大学实行"通识教育与专业教育并重"人才培养模式的重要组成部分，是培养"厚基础、宽口径、高素质、强能力"，具有创造、创新、创业能力复合型人才的有效途径。武汉大学是我国较早实施通识教育的高校，其在通识教育的机构设置、管理模式和课程体系建设方面均取得了较好的效果，在全国高校通识教育中起到了引领作用。

2003 年，武汉大学全面启动了通识教育课程建设工程。为了确立科学合理的通识课程体系，武汉大学进行了深入的理论研究和问卷调查工作，组建了"武汉大学通识教育改革"课题组。2002—2003 年度，全校有 24 个学院面向全校学生开设了 232 门选修课。教务部向各院系下发了《武汉大学通识教育指导选修课申请表》，所有公选课教师均可提出申请。与此同时，由多学科专家组成的"武汉大学通识教育指导委员会"成立，共同探讨武汉大学通识课程体系。最后，学校确定了第一批通识课程名单——52 门课程，课程分属五大领域，即人文科学、社会科学、数学与自然科学、中华文明与外国文明、跨学科领域。要求学生在五大领域选修不少于 12 学分的通识课程。2005 年，52 门通识课程开始面向全校学生。[①]武汉大学通识教育是全国通识教育改革的先行者，开创了"武大通识 1.0"。

从 2004 年通识选修课立项 52 门开始，武汉大学在对通识课进行发展，2005年立项 113 门、2006 年立项 69 门、2007 年立项 76 门、2009 年立项 26 门、2010年立项 18 门、2011 年立项 45 门、2012 年立项 34 门，共立项建设 430 余门通识教育选修课程。项目建设周期一般为 3 年，在建设周期内，要求课程一个学期至少开设一次。

2013 年，学校再次修订本科人才培养方案，将通识选修课程重新分为交流与写作类、数学与推理类、人文与社会类、自然与工程类、艺术与欣赏类、中国与全球类、研究与领导类七大领域。学校在保留 2004—2012 年立项的通识选修课程的基础上，还将公共基础课程（如计算机、数学、物理、化学）和各学院

---

① 吴平，陈学敏，曾德军.武汉大学通识教育的实践探索［J］.中国大学教学，2005（1）：30–31.

的专业基础课程纳入全校通识课程体系，制定出新的通识选修课程总表，包含 1002 门通识选修课程。[①]这是武汉大学在总结十年经验的基础上，以模块化方式把通识课程分为七个板块形成体系，是为"武大通识 2.0"。

2016 年，在借鉴世界一流大学人才培养理念、调研海内外通识教育现状的基础上，武汉大学提出《武汉大学通识教育研究报告》，对通识教育实施顶层设计和系列改革，是为"武大通识 3.0"。同年，武汉大学发布《武汉大学关于进一步加强通识教育的实施意见》，宣布重构通识教育课程体系，依据以下模块构建通识课程体系，每个模块均包含核心通识课程和一般通识课程。

（1）中华文化与世界文明：研读中华文化传统中的经典著作，引导学生领会中国优秀传统文化的精神实质、丰富内涵和现代价值，从本土和全球视野理解世界主要文明，引导学生在经济全球化、文化多元化背景下理性认识中华文化。

（2）科学精神与生命关怀：介绍自然科学特别是数学、物理学和生命科学等学科的历史、现状、趋势，以及代表性的理论和概念，探讨关涉个体生命和人类进步、人与自然和谐发展等议题，塑造积极向上的生命观和人生观。

（3）社会科学与现代社会：帮助学生了解社会科学的演变过程、经典理论和当代趋势，引导学生深度理解现代社会的发展、变化及内在机理。

（4）艺术体验与审美鉴赏：发展学生的审美情趣、鉴赏能力和阐释能力，培养学生在戏曲、绘画、音乐等方面的理解和创造能力，引导学生参与各种形式的艺术实践和艺术体验。

学校着力加强核心通识课程建设，严格遴选、重点建设 50 门左右的核心通识课程。大力加强核心通识课程教师团队建设，优先资助核心通识课程精品教材建设，力图打造一批具有武汉大学特色的、在国内具有重要影响的核心通识课程。建立学校通识教育委员会，成立武汉大学通识教育中心（General Education Centre of Wuhan University）。武汉大学通识教育中心是学校通识教育委员会领导下的工作组的执行机构，具体负责全校通识课程的建设与管理并积极开展通识教育的理

---

① 肖安东，漆玲玲，王赟. 武汉大学通识选修课的改革与发展［J］. 科教导刊（下旬），2015（7）：26–28.

论研究与学术交流。①武大通识教育的理念是：博雅弘毅、文明以止、成人成才、四通六识。

二、武汉大学通识教育阅读推广

（一）构建了武汉大学通识教育体系，科学推动阅读推广

武汉大学建设了学校通识教育委员会及工作组，在战略层面上统筹规划武汉大学通识教育，引领通识教育的发展趋势。武汉大学通识教育中心（以下简称"中心"）作为委员会的执行机构，具体负责通识教育的实施。中心依照武汉大学通识教育课程四大模块，分设四个团队（以关键词命名）：文明（中华文化与世界文明）、科学（科学精神与生命关怀）、社会（社会科学与现代社会）和艺术（艺术体验与审美鉴赏），聘请相关领域知名学者出任各团队首席专家。"中心"秉持"人文化成"之理念，以创建具有武汉大学特色的通识教育文化和课程体系为目标，以重构四大模块核心课程为契机，探讨并践行以"成人"教育统领成才教育的新观念及新路径，为武汉大学通识教育提供理论导引与学术支撑。"中心"在武汉大学本科生院的指导下，执行学校通识教育方针，制定学校通识教育规划，建设并完善通识教育课程体系及系列教材，负责学校通识课的教学和质量管理，组织通识课教师和助教的业务培训，并负责全校通识教育的日常工作。"中心"还积极开展与"大学通识教育联盟"各成员高校之间的学术及业务交流，并通过举办年会、大讲堂、悦读周、艺术节等活动，营造通识教育文化，提升学校通识教育在国内高校的地位，扩大学校通识教育的国际影响。②

在课程建设方面，武汉大学对课程进行全方位调整和重构，提出"4–2–660"课程模式，即：四大模块（中华文化与世界文明、科学精神与生命关怀、社会科学与现代社会、艺术体验与审美鉴赏）、两门基础通识课（"文科学经典导引""自然科学经典导引"）、60门核心通识课和600门一般通识课。每年新生在收到

---

① 武汉大学关于进一步加强通识教育的实施意见［EB/OL］.［2019–06–23］.http：//ugs.whu.edu.cn/info/1202/4911.htm.

② 武汉大学通识教育中心简介［EB/OL］.［2019–06–23］.http：//gec.whu.edu.cn/tszx/zxjj.htm.

《录取通知书》的同时，还会收到两本通识教育必修课教材——《人文社科经典导引》与《自然科学经典导引》，大学生的大学生活就这样以经典悦读的方式提前开始。《人文社科经典导引》《自然科学经典导引》两大"导引"课程，精选了中外古今 22 部伟大著作的经典内容，如《论语》《庄子》《史记》、孟德斯鸠《论法的精神》、亚里士多德《形而上学》，以及达尔文、牛顿、爱因斯坦的著作，旨在对大一新生进行基础通识教育，打开学生视野，激发学生兴趣，培养学生博雅品位，养成学生君子人格，并为后面三年的核心通识课程、一般通识课程的学习打下良好基础。

在课堂教学方面，开展"大班授课、小班研讨"试点工作，"大班授课"以教师为主体，而"小班研讨"以学生为主体，试行小班大班、课内课外和线下线上的全方位推进。目前，两大"导引"课程团队有一百多名教师，课程研究生助教二百多人。

在激励机制方面，专门增设"351 人才计划"核心通识课程教学岗位、优秀教学业绩奖通识课程专类等，为致力于通识教育的教师提供晋升通道和经济支持，提高教师从事通识教育的积极性。[①]

武汉大学通识教育中心还开设了"通识大讲堂"，每周还开设通识文化讲座，向学生进行通识教育推广。遴选本科课程研究生助教和基础通识课小班指导教师支持通识教育课程教学。

（二）武汉大学图书馆通识教育推广

武汉大学图书馆有总馆和多个分馆。2011 年 10 月，总建筑面积为 35548 平方米的武汉大学图书馆（总馆）新馆落成启用。2016 年 6 月，图书馆信息科学分馆新馆开放，建筑面积为 14986 平方米。全校现有图书馆馆舍面积 77389 平方米，资料室面积为 16626 平方米，总面积达到 94015 平方米。截至 2018 年 12 月，图书馆文献资源总量达 1743 万余册。印刷型文献共 666 万册，其中图书 543 万册，报刊合订本 89 万册。2018 年订购各类文献数据库 523 个，中外文电子书刊达 1077 万册，其中电子图书 872 万册，电子期刊 205 万册。图书馆藏有

---

① 武大通识 3.0 开启本科教育新历程［EB/OL］.［2019–06–23］. http://gec.whu.edu.cn/info/1008/1104.htm.

古籍20余万册，有300多种收入《中国古籍善本书目》，66种入选《国家珍贵古籍名录》。学科覆盖面广，遍及文、理、工、农、医等各个领域。[①]

在通识教育阅读推广方面，武汉大学图书馆主要做了以下五个方面的工作。

1. 设立专门的阅读推广工作岗位

武汉大学图书馆成立专业的推广服务组，配备专职和兼职人员，开展阅读推广工作。专职推广工作由活动策划人员、宣传品的设计人员、网页宣传和全媒体宣传人员组成。工作组经常进行工作讨论，策划和设计阅读推广内容。宣传品设计人员负责日常宣传品设计与制作，包括海报、展览、文创产品、环境标识等的设计，负责阅读刊物的编辑等。网页宣传和全媒体宣传人员负责网页的宣传开发及宣传视频等开发，使阅读推广的内容更具有吸引力。专兼职工作人员各司其职又互相配合。推广工作组明确和细化推广工作的目标，致力于全力宣传图书馆资源与服务，倡导阅读，营造书香氛围，打造校园阅读推广中心。

2. 导读及阅读推荐

图书馆在主页上将"阅读推荐"作为一个常规服务项目。该项目包含借阅排行榜、推荐书目、小布搜书三部分内容，用于指导读者阅读。推荐书目包括"采访馆员推荐书目""武大老师推荐书目""心理专题推荐书目"等。"小布搜书"搜罗凤凰读书、亚马逊、豆瓣等热门图书信息，每月一期，提供最新、最热的"图书榜单"。

3. 主题书架及展览

图书馆通过举办特定主题的图书展览，集中推介系列优秀图书，引导读者阅读、思考及交流心得，提高馆藏图书的利用率。书展具有不同的特色，包含：经典特色，如英文名著著作展、文津图书奖获奖作品展、25部必读的经济学经典著作等；时代特色，如知名大学校长荐书书展、影响中国的十大法治图书、新生推荐阅读书展；地域特色，如汉派作家作品海报展和书展；本馆特色，包括"传承与珍藏"特色馆藏与藏书印展、特色老旧期刊展、校

---

① 武汉大学图书馆.本馆简介.［EB/OL］［2019–06–23］. http://www.lib.whu.edu.cn/web/index.asp?obj_id=102.

园十大借阅之星荐书书籍展等。书展书籍往往一上架就被学生借阅一空，颇受读者欢迎。①

4. 举办"武汉大学读书节"

"武汉大学读书节"起始于 2013 年，每年 4~5 月举办，每届读书节为期两个月。在读书节期间，图书馆通过一系列丰富多彩的文化活动推介馆藏资源、推广特色服务，引导广大师生走进图书馆、利用图书馆，学会阅读、爱上阅读，丰富校园文化生活。以 2019 年读书节为例，武汉大学图书馆继续推行经典阅读，举办"中华经典美文诵读大赛""古典文学知识大赛"和"书评影评大赛"，期望通过比赛促进学生读好书；通过《读书溯源图文展》、专题书展和一系列主题讲座引导大家读好书；评选了"十大书香学院""十大借阅之星""书香大使"。②这些丰富多彩的活动彰显了武汉大学学子深厚的古典文学底蕴，激发了同学们传承古典文化的使命感，起到了经典阅读推广的作用。

5. 主办文化刊物

《文华书潮》是武汉大学图书馆主办的读书类文化刊物，旨在为读者提供一个文化交流、心灵碰撞的平台，倡导阅读风气，促进阅读推广。每年编发四期，不对外发行出售，免费取阅赠送。③

三、校园文化中的通识教育阅读推广

武汉大学团委、各级学生组织和学生社团、各个院系每年都举办丰富多彩的校园文化活动。2018 年度武汉大学有 30 个单位举办的 41 个项目入选了"校园文化活动超市"中标。例如，武汉大学莎士比亚英文戏剧社承办珞珈戏剧节、新闻与传播学院团委承办第五届大学生评论大赛、土木建筑工程学院团委承办第二届微信原创推文大赛、哲学院团委承办第十四届"关注我们的精神家园"系列活动、文学院承办文学狂欢节、历史学院承办"光阴的故事"

① 胡永生.多元化阅读推广模式的构建——武汉大学图书馆的探索［J］.图书情报研究，2015（4）：21-23.
② 第七届武汉大学读书节·2019［EB/OL］.［2019-06-23］. http://www.lib.whu.edu.cn/reading_festival/2019/ind ex.html.
③ 武汉大学图书馆.文华书潮［EB/OL］.［2019-06-23］. http://wenhua.lib.whu.edu.cn/whsc.

历史文化节等。

此外，学生组织通过主题活动竞标、勤工助学、学生组织协作管理、学生自创活动申请等方式与图书馆建立合作关系。例如，2016 年 9 月，阅微书社携手武汉大学图书馆开始酝酿古典文学知识大赛初步方案，随后图书馆与阅微书社、春英诗社、书画协会、古琴学社等校级社团通力合作，出台了"携人间四月　赴诗词之约"系列活动策划方案，进行赛制策划、题目编写、宣传筹备、演出排练等各项准备工作。[①]这个活动成为 2017 年读书节中最为精彩的活动。

---

① 申艳.携人间四月赴诗词之约——武汉大学古典文学知识大赛及系列活动案例探析［J］.图书馆研究与工作，2017（8）：5–8.

参考文献

外文参考文献

［1］McHale, Kathryn.Changes and Experiments in Liberal Arts Education［M］. Bloomington：Public School Pub. Co. 1932.

［2］Carnegie Foundation of Teaching Advancement, Missions of the College Curriculum：A Contemporary Review with Suggestions［M］. San Francisco：Jossy–Bass, 1977.

［3］The Carnegie Foundation for the Advancement of Teaching. Missions of the College Curriculum：A Contemporary Review with Suggestions［M］.San Francisco：Jossey–Bass, 1977.

［4］Levine, A. Handbook on Undergraduate Curriculum［M］.San Francisco：Jossey–Bass, 1988.

［5］A. S. Packard. The Substance of Two Reports of the Faculty of Amherst College to Board of Trustees, with the Doings of the Board thereon［J］. North American Review, 1829（28）：300.

［6］Miller G. E . The Meaning of General Education：The Emergence of a Curriculum Paradigm［J］. Journal of Higher Education, 1988, 61（3）：351.

［7］Johnson, D .K., Ratcliff, J.L., gaff, J.G.A Decade of Change in General Education［J］.New Direction for Higher Education, 2004（Spring）：9–28.

［8］Maren Elfert. Rethinking Education：Towards a Global Common Good? UNESCO's New Humanistic Manifesto?［EB/OL］.［2019–06–23］.https：//www.

norrag.org/rethinking–education–towards–a–global–common–good–unescos–new–humanistic–manifesto.

［9］Why Thinking Matters?［EB/OL］.［2019–06–23］.https：//undergrad.stanford.edu/programs/thinking–matters/explore/why–thinking–matters.

［10］Contemporary Civilization Required Reading List［EB/OL］.［2019–06–23］.http：//www.college.columbia.edu/core/sites/core/files/pages/Contemporary%20Civilization%202018–19%20Syllabus_0.pdf.

［11］Literature Humanities Syllabus［EB/OL］.［2019–06–23］.https：//www.college.columbia.edu/core/sites/core/files/pages/Syllabus%202018–2019.pdf.

［12］General Education Review Committee Final Report［EB/OL］.［2019–06–23］.http：//generaleducation.fas.harvard.edu/files/gened/files/gerc_final_report.pdf.

［13］Isites［EB/OL］.［2019–06–23］.https：//www.robtex.com/dns–lookup/isites.harvard.edu.

［14］Get Teaching Support for Your Courses［EB/OL］.［2019–06–23］. https://library.harvard.edu/how–to/get–teaching–support–your–courses.

中文参考文献

［1］阿什比.科技发达时代的大学教育［M］.滕大春，滕大生，译.北京：人民教育出版社，1983.

［2］H.R.姚斯，R.C.霍拉勃.接受美学与接受理论［M］.周宁,金元浦,译.沈阳：辽宁人民出版社，1987.

［3］杨东平.通才教育论［M］.沈阳：辽宁教育出版社，1989.

［4］陈学飞.美国高等教育发展史［M］.成都：四川大学出版社，1989.

［5］李曼丽.通识教育——一种大学教育观［M］.北京：清华大学出版社，1999.

［6］黄俊杰.大学通识教育的理念与实践［M］.武汉：华中师范大学出版社，2001.

［7］约翰·亨利·纽曼.大学的理想（节本）［M］.徐辉，顾建新，何曙荣，译.

杭州：浙江教育出版社，2001.

　　[8]罗伯特·赫钦斯.美国高等教育[M].汪利兵，译.杭州：浙江教育出版社，2001.

　　[9]约翰·肯尼思·加尔布雷思，等.哈佛书架[M].王月瑞，编译.海口：海南出版社，2002.

　　[10]何炳棣.读史阅世六十年[M].桂林：广西师范大学出版社，2005.

　　[11]黄坤锦.美国大学的通识教育：美国心灵的攀登[M].北京：北京大学出版社，2006.

　　[12]梁桂麟，刘志山.港澳台高校通识教育比较研究[M].北京：中国社会科学出版社，2008.

　　[13]陈向明，等.大学通识教育模式的探索——以北京大学元培计划为例[M].教育科学出版社，2008.

　　[14]哈佛委员会.哈佛通识教育红皮书[M].李曼丽，译.北京：北京大学出版社，2010.

　　[15]王霞.美国研究型大学通识教育反思[M].杭州：浙江大学出版社，2010.

　　[16]王余光.阅读，与经典同行[M]//王余光.阅读，与经典同行.深圳：海天出版社，2013.

　　[17]伊塔洛·卡尔维诺.为什么读经典[M].黄灿然，李桂蜜，译.南京：译林出版社，2015.

　　[18]宫辉，苏玉波.高校书院发展报告2017[M].西安：西安交通大学出版社，2017.

　　[19]陈卫平，刘梅龄.香港中文大学的通识教育及启示[J].高等教育研究，1987（2）：74–78.

　　[20]李曼丽，汪永铨.关于"通识教育"概念内涵的讨论[J].清华大学教育研究，1999（1）：96–101.

　　[21]陈舜芬.东海大学早期实施的通才教育及其启示[J].通识教育季刊，2000，7（2，3）：5–46.

［22］李成明．美国大学通识教育的历史发展［J］．东南大学学报（哲学社会科学版），2001，3（2）：117–120.

［23］王定华．美国布朗大学的教学特色［J］．中国大学教学，2003（2）：26–28.

［24］中国比较文学编辑．经典的解构与重建［J］．中国比较文学，2003（1）：36–37.

［25］张寿松，徐辉．通识教育的八个基本问题［J］．浙江社会科学，2005（4）：87–91.

［26］曲铭峰．关于建立我国研究型大学通识教育核心课程的若干思考——美国哈佛大学和哥伦比亚大学成功经验之启示［J］．中国大学教学，2005（7）：19–23.

［27］吴平，陈学敏，曾德军．武汉大学通识教育的实践探索［J］．中国大学教学，2005（1）：30–31.

［28］黄福涛．从自由教育到通识教育——历史与比较的视角［J］．复旦教育论坛，2006，4（4）：19–24.

［29］陈向明．对通识教育有关概念的辨析［J］．高等教育研究，2006（3）：64–68.

［30］沈文钦．赫钦斯与芝加哥大学的通识教育改革［J］．比较教育研究，2006，27（4）：41–45.

［31］王生洪．追求大学教育的本然价值——复旦大学通识教育的探索与实践［J］．复旦教育论坛，2006，4（5）：5–10.

［32］王义遒．大学通识教育与文化素质教育［J］．北京大学教育评论，2006，4（3）：2–8.

［33］刘象愚．经典、经典性与关于"经典"的论争[J].中国比较文学,2006(2)：44–58.

［34］方婷．对"西方名著阅读运动"的思考［J］．内蒙古师范大学学报：教育科学版，2006（5）：138–140.

［35］张德启．台湾高校通识教育课程发展及其特色［J］．河北师范大学学报

（教育科学版），2009，11（9）：89–94.

［36］曾宏伟．在 Canon 与 Classic 之间：哈罗德·布鲁姆经典观特征管窥［J］.广西社会科学，2009（6）：97–101.

［37］陈小红．通识教育课程模式的探讨［J］.复旦教育论坛，2010，18（5）：40–44.

［38］杨福家．1828 耶鲁报告精读［J］.科学中国人，2011（16）：42–45.

［39］郎杰斌，吴蜀红．美国国会图书馆阅读推广活动考察分析［J］.图书与情报，2011（5）：40–45.

［40］张家勇，朱玉华．美国圣约翰学院通识教育实践模式［J］.大学（研究版），2011（7）：84–89.

［41］黄素芳．试析中国大陆高校通识教育的模式［J］.社会工作与管理，2011，11（1）：15–18.

［42］董宇艳，陈杨，荣文婷．台湾地区高校通识教育理念与模式［J］.高校教育管理，2012，6（5）：25–28.

［43］乔戈，高建民．美国通识教育"核心课程"体系改革的理念及思考——以哥伦比亚大学和哈佛大学的教育方案为例［J］.南阳师范学院学报，2012，11（10）：108–111.

［44］张斌贤，王晨．赫钦斯与芝加哥大学名著教育［J］.教师博览，2012（11）：41–43.

［45］连进军，解德渤．作为概念体系的自由教育及其发展脉络——兼与博雅教育、通识教育辨析［J］.高等教育研究，2013（1）：25–31.

［46］霍雪涛．美国通识教育变迁的环境因素分析［J］.北京教育（高教版），2013（2）：78–80.

［47］王晓亚，刘秀艳．从哈佛大学课程选修制变革看我国学分制课程改革［J］.科教文汇，2013（13）：34–35.

［48］毕雁．中国古代通识教育的传统及其问题［J］.清华大学教育研究.2014（2）：21–26.

［49］常甜，马早明．美国大学通识教育课程实践模式及哲学基础探析［J］.

清华大学教育研究，2014，35（6）：85–91+190.

［50］孙姣.书院制模式下实施通识教育研究［J］.湖州师范学院学报，2014（12）：85–87.

［51］吴蕾.利用通识平台开展高校图书馆阅读推广［J］.中华医学图书情报杂志，2014，23（8）：56–58.

［52］刘学东，汪霞.斯坦福大学通识教育课程新思维［J］.比较教育研究，2015（1）：42–46.

［53］李加林，徐谅慧.高校通识教育核心课程体系建设研究［J］.宁波大学学报（教育科学版），2015（1）：80–85.

［54］刘德英.我国大学书院制建设比较研究［J］.高校辅导员，2015（2）：74–76.

［55］胡永生.多元化阅读推广模式的构建——武汉大学图书馆的探索［J］.图书情报研究，2015（4）：21–23.

［56］肖安东，漆玲玲，王赟.武汉大学通识选修课的改革与发展［J］.科教导刊（下旬），2015（7）：26–28.

［57］王晓阳.美国大学通识教育模式、挑战及对策［J］.国内高等教育教学研究动态，2016（3）：12–12.

［58］庞海芍，郇秀红.中国高校通识教育：回顾与展望［J］.高校教育管理，2016（1）：12–19.

［59］王会花.国内外高校通识教育核心课程实施取向探析［J］.世界教育信息，2016（13）：25–28.

［60］徐岚.基于经典阅读的通识教育——以东西方两所推行核心文本课程的高校为例［J］.复旦教育论坛，2016，14（1）：31–37.

［61］燕辉.中美高校图书馆学科服务模式比较研究［J］.当代图书馆，2016（2）：21–25.

［62］金宏奎.中西大学通识教育理念演进与制度建设比较研究［J］.当代教育理论与实践，2017（12）：48–53.

［63］王建设.国内外5所研究型重点大学通识教育对比分析及经验启示［J］.

贵阳学院学报（社会科学版），2017（2）：78–83.

［64］刘海燕.我国现代大学书院制改革的现状、问题与对策［J］.中国高教研究，2017（11）：47–52+63.

［65］李雅.论经典阅读在大学通识教育中的作用［J］.高校图书馆工作，2017（2）：14–18.

［66］王欣."世界公民"：重新定义受教育的人——解读哈佛大学《通识教育审查委员会最终报告》［J］.当代教育科学，2017（3）：68–72.

［67］刘菊青.通识教育与相关教育的辨析［J］.大学教育，2018，94（04）：52–54.

［68］刘海燕，陈晓斌.中国大学三种书院教育模式讨论［J］.大学教育科学，2018：68–74.

［69］李雅，费王开.论经典阅读与高校通识教育的关系——基于苏州大学通识教育课程改革的调查［J］.高校图书馆工作，2018，185（03）：85–90.

［70］李曼丽.哈佛大学新制通识教育方案及其实施效果辨惑［J］.北京大学教育评论，2018，16（02）：110–121+195–196.

［71］陈幼华.高校图书馆阅读推广的中外对比与趋势判断——基于数据与案例的分析［J］.图书馆论坛，2019（4）：84–92.

［72］王莎莎.我国高等体育院校本科通识教育课程体系研究［D］.上海：上海体育学院，2018：5.

［73］庞海芍，余静.大学通识教育课程的领导与管理［C］//中国高等教育学会大学素质教育研究会2013年会暨第三届素质教育高层论坛.

附录

哥伦比亚大学"当代文明"和"文学人文"课程阅读大纲

Contemporary Civilization Required Reading List[①]

Fall 2018

Plato, *Republic* (Hackett)

Aristotle, *Nicomachean Ethics* (Oxford, trs.Ross, Brown)

Aristotle, *Politics* (Hackett)

New Oxford Annotated Bible with Aprocrypha (Oxford)

Augustine, *City of God* (Penguin)

The Qur'an, Abdel Haleem, ed. (Oxford)

Machiavelli, *The Prince* (Hackett) or Machiavelli, *The Discourses* (Penguin)

Descartes, *Discourse on Method and Meditations on First Philosophy* (Hackett)

Hobbes, *Leviathan* (Oxford)

Locke, *Political Writings*, Wootton, ed. (Hackett)

Spring 2019

Kant, *Groundwork of the Metaphysics of Morals* (Cambridge)

Smith, *Wealth of Nations* (Modern Library)

Burke, *Reflections on the Revolution in France* (Oxford)

Wollstonecraft, *A Vindication of the Rights of Woman* (Oxford)

---

① Contemporary Civilization Required Reading List [EB/OL]. [2019–06–23] .http：//www.college. columbia.edu/core/sites/core/files/pages/Contemporary%20Civilization%202018–19%20Syllabus_0.pdf.

Tocqueville, *Democracy in America* (Penguin)

Mill, *On Liberty, Utilitarianism, and Other Essays* (Oxford)

The Marx–Engels Reader (Norton)

Darwin, *Norton Critical Edition* (Norton)

Nietzsche, *On the Genealogy of Morals / Ecce Homo* (Vintage)

Du Bois, *The Souls of Black Folk* (Norton)

Arendt, *The Origins of Totalitarianism* (Harvest)

Schmitt, *The Concept of the Political* (Chicago)

Fanon, *The Wretched of the Earth* (Grove)

Foucault, *Discipline and Punish* (Vintage)

Patricia J. Williams, *Seeing a Color–Blind Future* (Farrar, Strauss, and Giroux)

Literature Humanities Syllabus[①]

Fall 2018

Homer, *Iliad* (Chicago, tr. Lattimore)

Sappho, *If Not, Winter*: *Fragments of Sappho* (Vintage, tr. Carson)

Homer, *Odyssey* (Norton, tr. Emily Wilson)

New Oxford Annotated Bible with Apocrypha

Herodotus.*The Histories* (Oxford, tr. Waterfield)

Aeschylus, *Oresteia* (Aeschylus II, Chicago, tr. Lattimore)

Sophocles, *Antigone* (Sophocles I, Chicago, tr. Lattimore)

Aristophanes, *Clouds* (Aristophanes, Penguin, tr. Sommerstein)

Plato, *Symposium* (Hackett, trs. Nehamas, Woodruff)

Virgil, *Aeneid* (Bantam, tr. Mandelbaum)

Ovid, *Metamorphoses* (Penguin, tr. Raeburn)

Spring 2019

---

① Literature Humanities Syllabus ［EB/OL］. ［2019–06–23］.https：//www.college.columbia.edu/core/ sites/core/files/pages/Syllabus%202018–2019.pdf.

New Oxford Annotated Bible with Apocrypha.

Augustine，*Confessions*（Oxford，tr. Chadwick）

Dante，*Inferno*（Bantam，tr. Mandelbaum）

Montaigne，*Essays*（Penguin，tr. Cohen）

Shakespeare，*Macbeth*（Oxford）

Cervantes，*Don Quixote*（Harper Collins，tr. Grossman）

Milton，*Paradise Lost*（Modern Library）

Austen，*Pride and Prejudice*（Oxford）

Dostoevsky，*Crime and Punishment*（Vintage，trs. Volokhonsky，Pevear）

Woolf，*To the Lighthouse*（Harcourt）

Morrison，*Song of Solomon*（Vintage）

清华大学荐读书目

1. 中国文化名著

《论语》	《老子》
《孙子兵法》	《墨子》
《孟子》	《庄子》
《荀子》	《韩非子》
《易传》	《礼记》
《左传》	《史记》
《汉书·西域传》	《论衡》
《坛经》	《读通鉴论》
《四书集注》	《传习录》
《明夷待访录》	《天下郡国利病书》
《天演论》	《大同书》
《清代学术概论》	《中国哲学简史》

《国史大纲》 《青铜时代》

《中国建筑史》 《乡土中国》

《中国古代科学思想史》 《美的历程》

2. 中国文学名著

《诗经选》 《楚辞选》

《汉魏六朝诗选》 《世说新语》

《唐诗三百首》 《宋诗选注》

《唐宋词选释》 《中国古典四大名剧》

《三国演义》 《水浒传》

《红楼梦》 《古文观止》

《儒林外史》 《金锁记》

《鲁迅选集》 《中国新诗萃》

《子夜》 《家》

《骆驼祥子》 《围城》

《北京人》 《生死场》

《死水微澜》 《青春之歌》

《李有才板话》 《陈映真文选》

《透明的红萝卜》 《平凡的世界》

《福乐智慧》 《格萨尔》

3. 世界文化名著

《理想国》（古希腊） 《尼各马可伦理学》（古希腊）

《沉思录》（古希腊） 《论自由意志》（古罗马）

《论道德的谱系》（德） 《新工具》（英）

《思想录》（法） 《谈谈方法》（法）

《政府论》（英） 《论法的精神》（法）

《社会契约论》（法） 《国民财富的性质和原因的研究》（英）

《历史理性批判文集》（德） 《哲学史讲演录·导言》（德）

《共产党宣言》（德） 《资本论》第 1 卷（节选）（德）

《旧制度与大革命》（法）   《精神分析引论》（奥）

《新教伦理与资本主义精神》（德）   《第二性》（法）

《科学革命的结构》（美）   《疯癫与文明》（法）

《历史的起源与目标》（德）   《正义论》（美）

《国际政治理论》（美）   《从混沌到有序》（比利时）

《甜与权力：糖在近代历史上的地位》（美）

《时间简史》（英）

《人类简史：从动物到上帝》（以色列）

《美的历史》（意）

4. 世界文学名著

《荷马史诗》（古希腊）   《奥狄浦斯王》（古希腊）

《罗摩衍那》（古印度）   《变形记》（古罗马）

《神曲》（意）   《波斯古代诗选》（古波斯）

《哈姆雷特》（英）   《堂吉诃德》（西班牙）

《傲慢与偏见》（英）   《浮士德》（德）

《高老头》（法）   《白鲸》（美）

《草叶集》（美）   《包法利夫人》（法）

《悲惨世界》（法）   《玩偶之家》（挪威）

《卡拉马佐夫兄弟》（俄）   《伊凡·伊里奇之死》（俄）

《契诃夫小说选》（俄）   《泰戈尔诗选》（印度）

《都柏林人》（爱尔兰）   《荒原》（英）

《先知》（黎巴嫩）   《城堡》（奥地利）

《高尔基中短篇作品精选》（苏联）   《雪国》（日）

《静静的顿河》（苏联）   《海明威短篇小说全集》（美）

《迪伦马特喜剧选》（瑞士）   《百年孤独》（哥伦比亚）

2016年哈佛大学《通识教育审查委员会最终报告》（节选）

General Education Review Committee Final Report [①]

3. Proposals

The Committee proposes that the liberal arts and sciences curriculum at the College include the following three components:

· A General Education requirement consisting of four diverse courses explicitly developed to satisfy the aims of General Education. The General Education Standing Committee will approve General Education courses.

· A Distribution requirement consisting of three departmental courses, spread across the three divisions of the FAS and SEAS.

· A set of College or Departmental requirements in writing, foreign language, and quantitative facility. The quantitative facility requirement would build on aspects of the current EMR category, but would be newly defined and implemented in ways similar to existing College requirements in Expository Writing and Foreign Languages.

We believe this proposal produces a structure that separates out the two major aims of the current program (general education and distribution), while also allowing the student greater freedom to explore the entire catalog of courses.

In addition to these major proposals, we outline an administrative support structure for the General Education Program. Enhanced commitments to supporting faculty, teaching fellows, and administrators within the program will help ensure that the General Education Program can achieve the goals it was designed to meet.

3.A. Four General Education courses

The core of general education at Harvard should consist in four courses taken from those administered by the General Education Program. These courses aim to prepare students for a life of civic and ethical engagement with a changing world. All courses

---

① Members of the General Education Review Committee: General Education Review Committee Final Report [EB/OL].[2019-06-23]http://generaleducation.fas.harvard.edu/files/gened/files/gerc_final_report.pdf.

in the General Education curriculum will be explicitly designed to address the *Ars Vivendi in Mundo* philosophy. In particular, the courses should address explicitly how the subjects they cover are relevant to the social, ethical, and technological challenges we face, both individually and collectively, in a changing world.

The process of designing Gen Ed courses is distinctive. In designing a departmental course, it is normal to be guided by the question "What will students going on in the discipline need to know about its methods and content in order to be well–prepared for further study?" By contrast, in designing a Gen Ed course one might instead be guided by the following three questions:

· What does my area of inquiry have to offer of value to the society or culture at large?

· What does a student, who might otherwise have no further education in my area of inquiry, need to know in order to appreciate this value?

· How, in particular, will knowing these things help a student to think differently about his or her ethical decisions or approach differently his or her contributions to civil discourse and action?

Once designed and approved, Gen Ed courses will be given a Gen Ed course number. Each Gen Ed course will also be tagged. The tags associated with a course will indicate the perspective (s) from which the course approaches the issues of General Education. Three of the tags correspond roughly with the areas of inquiry pursued in the divisions of the FAS and SEAS, as they intersect with the principles of the General Education curriculum. The fourth tag, Ethics and Civics, reflects a category that has (in one interpretation or another) been a stable feature of General Education at Harvard since its inception. The tags are:

· Aesthetics, Culture, Interpretation
· Histories, Societies, Individuals
· Science and Technology in Society
· Ethics and Civics

These tags can also be thought of as combining and broadening the former General Education categories.

To facilitate the transfer and approval of courses, the General Education Standing Committee (GESC) may assign tags by default according to current categories and an instructor's primary divisional affiliation, but faculty members can also propose to the GESC a different or additional tag.

Courses that are currently successful in the General Education program would clearly be eligible to remain within the program. New courses will be evaluated for approval by the GESC. All courses will henceforth be approved for a certain number of iterations, after which the GESC will review them for re–approval, should the instructor so desire. Existing courses will also require reapproval after a certain number of iterations.

Ordinarily no course will have more than two tags. Students must take one course with each of the four tags. For courses with more than one tag, students may select the requirement that the course fulfills. No single course, however, can count for more than one tag.

后 记

2014年12月，"阅读推广人"培育行动正式启动，在"阅读推广人"培育行动之中，教材的编写成为首要任务。2015年和2017年，"阅读推广人系列教材"第一辑和第二辑先后出版，本人有幸在其中分别参与了《图书馆经典阅读推广》与《图书馆讲坛工作》的编写工作。第一、二辑教材的面世推动了"阅读推广人"培育行动的开展，收到了不少好评。但随着实践的开展，新的研究命题不断涌现。

近年来国内各高校对通识教育的重视程度逐步增强，除了文中论述到的清华大学、北京大学、武汉大学、复旦大学、中山大学、香港中文大学之外，尚有不少高校越来越强调通识教育。 如中国人民大学2019年自主招生简章中明确注明将设理科试验班、人文科学试验班、社会科学试验班（管理学科类）和经济学类等跨学院大类招生专业，并强调大类基础和核心能力培养，夯实核心通识和宽厚学科基础。通识教育的开展必然离不开阅读推广，学者们为通识教育的奔走呐喊、高等院校对通识教育的大力推动成为阅读推广的良机。基于此，我们认为有必要对通识教育的基本概念、发展历史，对通识教育与阅读推广之间的关系，对面向通识教育的阅读推广的类型、策略和方式，对面向通识教育的阅读推广的核心和关键，对图书馆在面向通识教育的阅读推广中的地位、角色与策略等进行研究。

2017年底，中国图书馆学会组织"阅读推广人系列教材"第三至第五辑的选题申报工作。在王余光教授的指导下，经过反复讨论和斟酌，由朱小梅起草，完成了本书的大纲，并向丛书编委会提交了写作计划。经过编委会审定，2018年年初，确立了本书的题名与大纲。本书由朱小梅完成初稿，王丽丽承担资料搜集工作。初稿完成后，王丽丽进行了审读，后经不断讨论，对部分章节进行了修改，终成此稿。

本书的主要内容具体如下：首先，在探讨通识教育内涵的基础上，纵向梳理了中外通识教育起源、发展和嬗变的历史，为面向通识教育的阅读推广提供了广阔的研究背景。其次，根据中外通识教育的类型，科学归纳出面向通识教育的三种阅读推广模式——课程式阅读推广模式、书院式阅读推广模式和第三课堂式阅读推广模式，并提出了三种阅读推广模式的推广策略和路径。再次，指出通识教育的核心和关键是经典阅读，经典阅读推广是面向通识教育的阅读推广之关键。以经典的构建为研究起点，条分缕析中外通识教育中的经典阅读概况，并提出了经典阅读推广策略与方式。然后，鉴于图书馆阅读推广是第三课堂式阅读推广的代表，分析了图书馆在面向通识教育的阅读推广中的地位和作用，从图书馆的视角考察了阅读推广的策略和方式。最后，以哈佛大学、清华大学和武汉大学为案例，展示了这三所中外优秀大学面向通识教育的阅读推广概况，为其他院校面向通识教育的阅读推广提供了可资借鉴的经验。在书末，附有《哥伦比亚大学"当代文明"和"文学人文"课程阅读大纲》《清华大学荐读书目》等延伸阅读材料以供读者参考。本书逐步深入，层层递进，全面立体地展示了面向通识教育的阅读推广体系和阅读推广核心问题，并佐以案例深入论述。

经过一年多的努力，本书终于付梓。感谢中国图书馆学会的信任与支持；感谢王余光教授在大纲拟定与撰写过程之中的悉心指导，保证了书稿的写作质量；感谢朝华出版社的刘小磊、韩丽群等老师为本书的编辑付出的辛勤劳动！

由于视野、学术水平和篇幅所限，本书还存在着诸多不足和疏漏，恳请各位专家和读者不吝赐教，批评指正！

王丽丽

2019 年 7 月